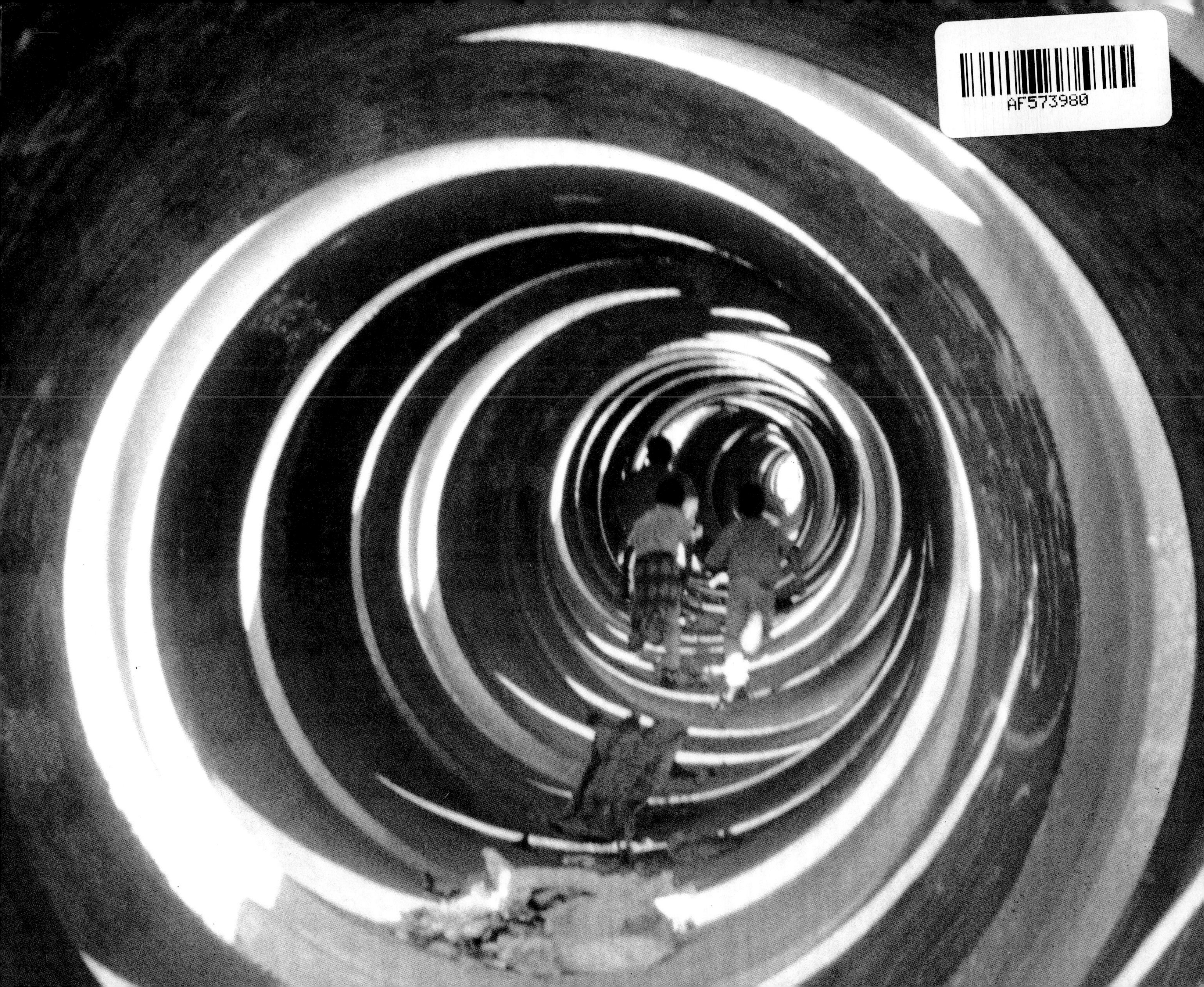

¡Cámara! Ciudad de México

Monumentos de una nueva generación

Picture Mexico City

Landmarks of a new generation

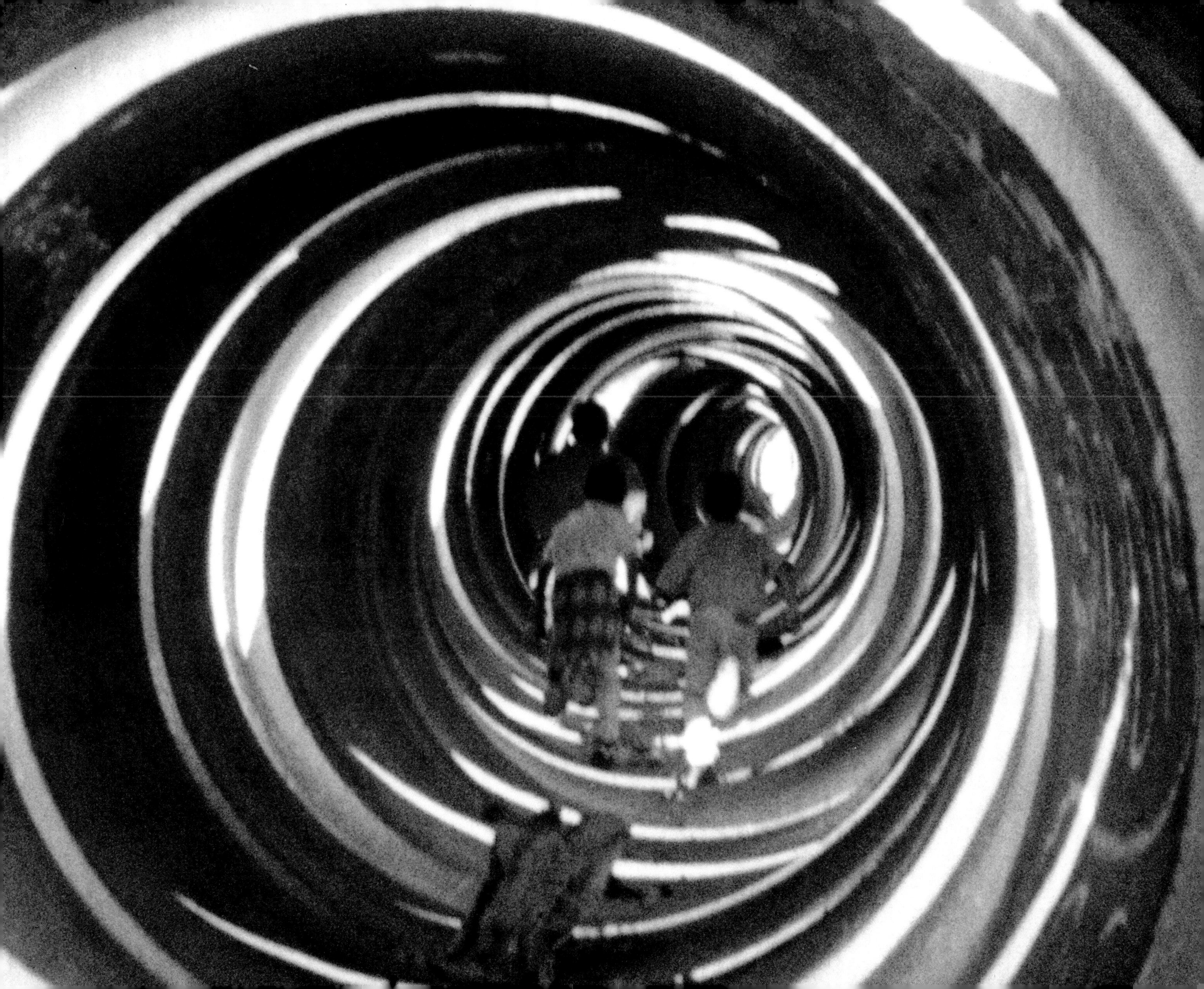

Portada Cover photo

Luis Ignacio Romo Yáñez

Cuando era niño, aquí nos metíamos a jugar We used to play here when I was a kid

Ciudad Nezahualcóyotl

Contraportada Back cover photo

Lorenzo Hagerman

Los fotógrafos en La Vaca Independiente photographers at La Vaca Independiente

Printed in Mexico

© La Vaca Independiente, S. A. de C. V.
Ciencias 40, Col. Escandón
México, D.F. 11800
lavaca@laneta.apc.org

Library of Congress Cataloging-in-Publication Data

Cámara! Ciudad de México : monumentos
de una nueva generación = Picture Mexico City :
landmarks of a new generation.
p. cm.
ISBN 0-89236-490-4
1. Mexico City (Mexico)—Pictorial works—Exhibitions. 2. Architecture—Mexico—Mexico City—Pictorial works—Exhibitions. 3. Mexico City (Mexico)—Buildings, structures, etc.—Pictorial works—Exhibitions. 4. Child photographers—Mexico—Mexico City—Exhibitions. I. Getty Conservation Institute. II. Title: Picture Mexico City. III. Title: Ciudad de México.
F1386.1.C36 1997
972'.53—DC21 97-18231
CIP

Este libro se publicó junto con "¡Cámara! Ciudad de México: Monumentos de una nueva generación", una exposición organizada por el Instituto Getty de Conservación en asociación con La Vaca Independiente, inaugurada en el Museo Rufino Tamayo en septiembre de 1997.

This book is published in conjunction with "Picture Mexico City: Landmarks of a new generation," an exhibition organized by the Getty Conservation Institute in partnership with La Vaca Independiente, which opened at the Museo Rufino Tamayo in September, 1997.

Un proyecto de A project of
El Instituto Getty de Conservación
The Getty Conservation Institute

En asociación con In association with
La Vaca Independiente

El Instituto Getty de Conservación
The Getty Conservation Institute

El Instituto Getty de Conservación trabaja a nivel internacional, fomentando la apreciación y la preservación del patrimonio cultural mundial, para que su uso enriquezca a las generaciones presentes y futuras.

Con un enfoque interdisciplinario, el Instituto propone soluciones sostenibles para la conservación del patrimonio y asigna estratégicamente los recursos para su óptimo aprovechamiento. Para promover la filosofía y la práctica de la conservación, el Instituto genera y explora nuevas ideas, emprende proyectos de investigación y de aplicación, impulsa en su interior el continuo aprendizaje, comparte su conocimiento alrededor del mundo y establece alianzas y asociaciones para estimular la conciencia pública y la participación de la comunidad en el cuidado y protección del patrimonio cultural de la humanidad.

El Instituto Getty de Conservación forma parte de la Fundación J. Paul Getty, una organización privada dedicada a las artes plásticas y a las humanidades. A través de un museo, cinco institutos y un programa de subvenciones, la Getty representa la oportunidad para mejor entender, experimentar, valorar y preservar el patrimonio cultural mundial.

The Getty Conservation Institute works internationally to further the appreciation and preservation of the world's cultural heritage for the enrichment and use of present and future generations.

The Institute pursues an interdisciplinary approach and sustainable solutions to heritage preservation, and allocates its resources strategically for maximum leverage. To advance the philosophy and practice of conservation, the Institute generates and explores new ideas, undertakes projects in research and applications, fosters continuous learning internally, shares its knowledge base worldwide, and establishes alliances and partnerships to promote public awareness and community involvement in safeguarding the world's cultural heritage.

The Getty Conservation Institute is part of the J. Paul Getty Trust, a private operating foundation dedicated to the visual arts and the humanities. Through a museum, five institutes, and a grant program, the Getty provides opportunities for people to more fully understand, experience, value, and preserve the world's art and cultural heritage.

Participantes del proyecto
Project Participants

Concepto **Concept**
Miguel Angel Corzo

Director del proyecto **Project Director**
Mahasti Afshar

Realización **Project Manager**
Claudia Madrazo

Director de campo **Field Director**
Lorenzo Hagerman

Asistentes **Assistants**
Paula Graf
Paula Haro
Helio Ojeda
Mónica Romero
Salvador Vargas

Fotógrafos **Photographers**
Alejandra España Natera
Apolonio Carrillo Carrillo
Casilda Madrazo Salinas
Diego Íñiguez Sosa
Luis Ignacio Romo Yáñez
Natassja Ybarra Klor
Renée Garro Wong
Rocío Juárez Argueta
Rodrigo Vargas García
Varinia Estrada García

Coordinación **Coordination**
Chloë Catán, México, D.F.
Adrienne Whitaker, Los Angeles

Diseño del libro **Book Design**
Taller de comunicación visual

Corrección de estilo **Proofreaders**
Ma. Isabel López Santibáñez, México, D.F.
Anita Keys, Los Angeles

Impresión **Printer**
Litográfica Turmex, S.A. de C.V.

Impresiones de exposición **Gallery Prints**
X•IBIT

Productor del video **Video Producer**
Canal 11

Directores del video **Video Directors**
Lorenzo Hagerman
Jorge Bolado

Exposición **Exhibition**
Museo Rufino Tamayo

Difusión **Public Information**
Chloë Catán, México, D.F.
Sylvia Sukop, Los Angeles

Contenido **Contents**

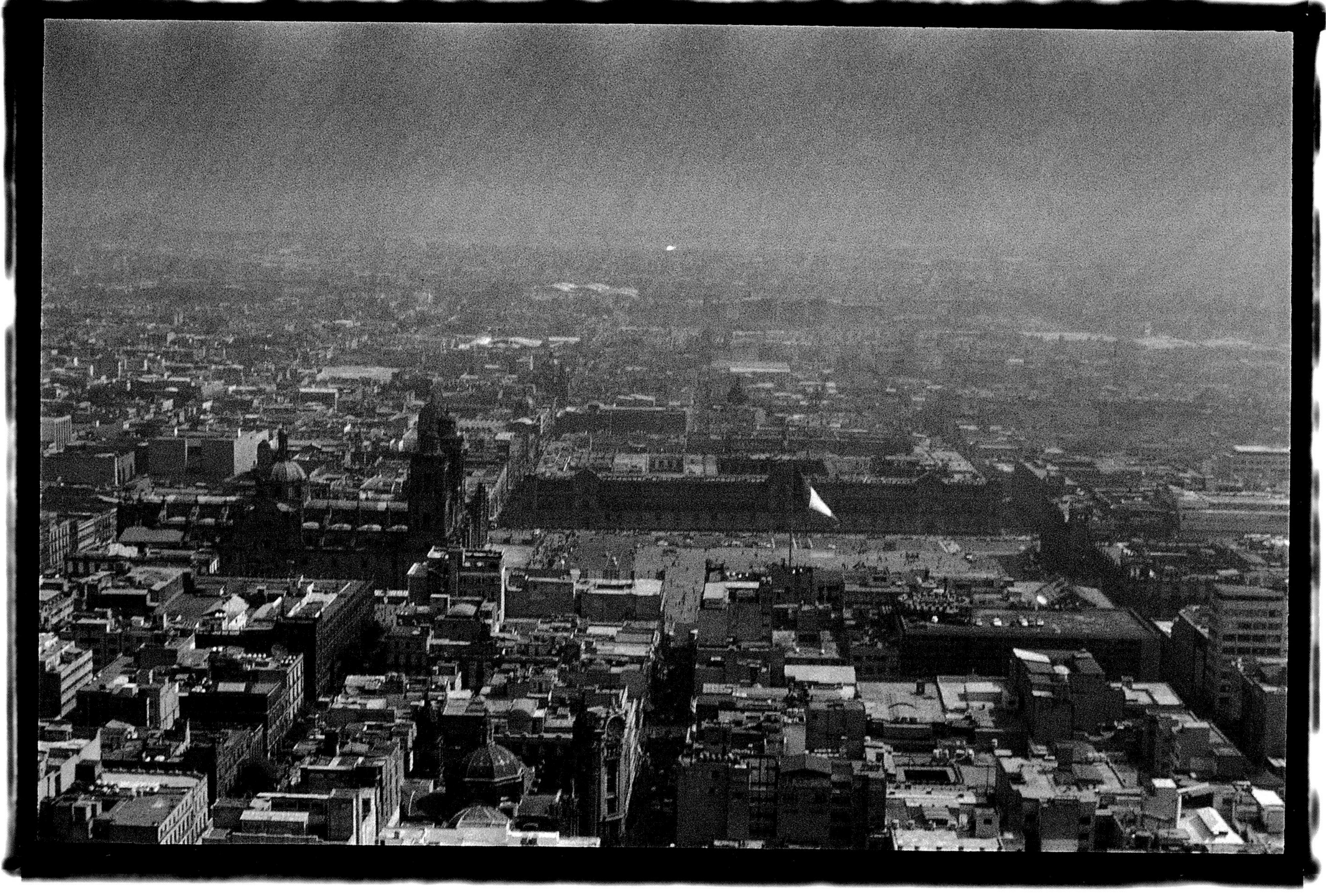

Apolonio Carrillo Carrillo

Centro Histórico Historic Center

Monumentos **Landmarks**

Si el patrimonio cultural representa la memoria de la humanidad, ¿cómo ven los jóvenes de esta época, bombardeados con los mensajes contemporáneos de música, publicidad, imágenes de televisión y tantos más estímulos sensoriales, el futuro de su pasado? Ésta es la pregunta que planteamos a un grupo ecléctico de jóvenes de la ciudad de México, pidiéndoles que, por medio de la fotografía y de sus propias expresiones, nos mostraran, a su parecer, aquellos hitos representativos de lo que quisieran recordar de su pasado. Es la misma pregunta que hemos planteado a otros jóvenes de Los Ángeles, ciudad del Cabo, Mumbai y París.

Las respuestas en México, como en las otras ciudades, no han dejado de sorprendernos. En las imágenes de esta impresionante colección de fotografías, vemos más allá de una simple escena callejera, una casa, un grupo de amigos, un panteón o un monumento. Lo que vemos es una profundidad de reflexión, un entendimiento incisivo, una visión social, una agudeza histórica que interpreta valores y semblanzas de todo lo que mueve a una sociedad en pleno desarrollo, llena de contradicciones aún no resueltas. Los jóvenes fotógrafos han mostrado la realidad de su vida y de sus aspiraciones y su deseo de mantener vivos los valores y sentimientos que, en los albores del próximo siglo, se ven seriamente amenazados.

Sin patrimonio cultural no hay vida espiritual. El patrimonio de la humanidad se ve amenazado cada vez más por las variaciones del clima, el vandalismo, la guerra, el turismo masivo, el desarrollo desenfrenado y la indiferencia popular. Su rescate está en manos de las jóvenes generaciones. Pero, para sensibilizar a estos futuros guardianes sobre la importancia de su supervivencia, no basta con darles clases, obligarlos a leer textos o llenarlos de sermones. Es necesario aprender a escucharlos y dejar que ellos mismos, con sus propias expresiones, descubran el valor del patrimonio, acercándolos a su esencia. Es por ello que esta publicación, que acompaña a la exposición de sus obras gráficas y de sus textos, tiene una importancia trascendental. Es la voz misma de la juventud que nos está señalando el camino y que nos anuncia que ya está anclado un sólido puente hacia el siglo veintiuno, por el cual descubriremos nuevos significados y nuevos valores, enarbolando la bandera de la responsabilidad social.

Un proyecto de esta naturaleza requiere de una dedicación muy especial por parte de todos sus participantes. Los jóvenes fotógrafos mexicanos nos han mostrado un compromiso total con su tarea y una intensidad absoluta en su trabajo, atinadamente guiados por Lorenzo Hagerman, que ha mostrado una sensibilidad y una comprensión excepcionales del proyecto y que ha entregado todo su esfuerzo a su realización.

El entusiasmo electrizante de Claudia Madrazo, socio principal y directora de este proyecto, permitió que *¡Cámara! Ciudad de México* despegara de inmediato. Su voluntad y su perseverancia son notables. Como en todas las tareas a las que se aplica, ésta se ha visto plasmada con su inteligencia y su visión. Cristina Gálvez Guzzy amablemente aceptó ser la anfitriona de la exposición en el Museo Tamayo. Otros distinguidos amigos del mundo cívico, cultural y corporativo se unieron a este proyecto: el Lic. Óscar Espinosa Villarreal, Regente de la ciudad de México; el Dr. Gerardo Estrada, Director del Instituto Nacional de Bellas Artes; la Lic. Flor Hurtado, Directora ejecutiva de Canal 11, y los Sres. Lic. Manuel Sánchez Lugo, Lic. Valentín Diez Morodo y Lic. Carlos Rojas Mota Velasco, Directores generales de Avantel, Grupo Modelo y Rotoplas, respectivamente. Mahasti Afshar ha dirigido los proyectos paralelos a éste alrededor del mundo, con su elegancia natural y su mente siempre abierta a nuevos y más difíciles retos, aportando su profundidad y su sabiduría. A todos ellos mi sincero agradecimiento.

¿Cómo no azorarnos ante las imágenes tan descriptivas de este compendio? ¿Cómo no sorprendernos ante las reflexiones profundas, a veces nostálgicas, a veces cortantes, a veces humorísticas de este grupo dinámico y sensible? Recuerdo mi niñez en la ciudad de México: el parque en el que caminaba con mi madre o la parada del camión urbano que me acercaría a la escuela, se volvían monumentos importantes en mi vida. Y añoro también las visitas a los monumentos nacionales, patrióticos e históricos, que visitaba con mis padres o con mis compañeros, o las caminatas por algunas colonias de la ciudad que se me revelaban como nuevos territorios inexplorados. Todo esto se volvió parte de mi pasado y me formó como ciudadano.

Dejemos que estos fotógrafos nos guíen por un camino del futuro del recuerdo, asentándonos en una realidad, reconociendo su trascendencia y respetando sus valores. Ahora, más que nunca, el futuro de nuestro pasado está en manos de esta juventud seria, dedicada, profunda y respetuosa que asegura la supervivencia de nuestra sociedad.

Miguel Angel Corzo, Director
El Instituto Getty de Conservación

If the cultural heritage represents the memory of humanity, how does today's youth—stalked by contemporary messages of music, advertising, television images, and so many other sensorial stimulations—see the future of their past? This is a question we asked an eclectic group of young people in Mexico City. We wanted them to show us, by means of photographs and of their own expressions, those representative landmarks that they would like to recall about their past. This is the same question we have asked other young people in Los Angeles, Cape Town, Mumbai, and Paris.

Their replies, in Mexico as well as in the other cities, have not ceased to amaze us. In the images of this impressive collection of photographs, we see beyond a street scene, a house, a group of friends, a cemetery, or a monument. What we perceive is a depth of insight, an incisive understanding, a social vision, a historical perception that interprets values and scenes of everything that moves a society in full development, full of unresolved contradictions. These young photographers have shown us the reality of their lives and of their aspirations, as well as their desire to keep alive those values and feelings that, at the dawn of the coming century, are seriously threatened.

Spiritual life cannot exist without cultural heritage. Our heritage is forcefully threatened by weather, vandalism, war, mass tourism, unconstrained development, and popular indifference. Its rescue is in the hands of the young generations. But to create awareness of the importance of its survival in the minds of these future stewards, it is not enough to take them to class, make them read books, or fill their ears with sermons. What is needed is to learn to listen to them and allow them to discover, with their own expressions, the value of the cultural heritage, bringing them closer to its essence. This is the enduring importance of this publication that accompanies the exhibition of their works. It is the voice of youth itself showing us the road and announcing that a solid bridge has been anchored to the twenty-first century, through which they will guide us to new meanings and new values, and lead us with a banner of social responsibility.

A project such as this requires a very special covenant on the part of its participants. These young Mexican photographers have shown us their total commitment to their task and an absolute intensity in their work, appropriately guided by Lorenzo Hagerman who has shown an exceptional sensibility and understanding of the project and has given all his efforts to its development. The electrifying enthusiasm of Claudia Madrazo, the lead partner and manager of the project, allowed *Picture Mexico City* to take off immediately. Her will and perseverance are remarkable and, as in all tasks she undertakes, this one has been graced by her intelligence and vision. Director Cristina Gálvez Guzzy graciously accepted to host the exhibit at the Rufino Tamayo Museum. Others from the civic, cultural, and corporate world joined the partnership as well: The Mayor's Office; Gerardo Estrada, Director, National Institute of Fine Arts; Flor Hurtado, Executive Director, Channel 11; and Manuel Sánchez Lugo, Valentín Diez Morodo, and Carlos Rojas Mota Velasco, Directors General of Avantel, Grupo Modelo, and Rotoplas, respectively. Mahasti Afshar has directed our Landmarks projects around the world with her natural elegance, contributing her depth and wisdom with a mind open to newer and ever more difficult challenges. To all of them my gratitude.

How can we not be astonished by these descriptive images in the publication? How can we not be surprised when reading the deep thoughts, sometimes nostalgic, sometimes cutting, sometimes humorous, of this dynamic and sensitive group? I remember my childhood in Mexico City, the park where I walked with my mother, the corner stop for the bus that would bring me closer to school: These were important landmarks in my life. I also miss visiting national historic or patriotic monuments with my parents or walking along the *barrios* of the city that revealed themselves to me as new and unexplored territories. All this was part of my past and forged me into citizenship.

Let these photographers guide us through a road of the memory's future, implanted in a reality and acknowledging and respecting its everlasting values. Today, more than ever, the future of our past is in the hands of this serious, dedicated, profound, and respectful youth. It will ensure the survival of our societies.

Miguel Angel Corzo, Director
The Getty Conservation Institute

¿Por qué la ciudad de México?

Why Mexico City?

En 1994, después de la cálida respuesta del público a *Picture LA*, pensamos en la conservación con los ojos puestos en el futuro y decidimos extender el proyecto hacia otros destinos. Sentíamos que las ciudades, para poder funcionar como modelos, tenían que personificar una *diversidad cultural,* ya que los centros urbanos alrededor del mundo son crecientemente plurales; un *desarrollo urbano,* porque una buena parte del pasado se ha sacrificado innecesariamente para ajustarlo al cambio, y debían ser *impactantes,* de manera que, eventualmente, se pudiera construir una masa crítica que modificara su comportamiento. De una larga lista de posibilidades, escogimos a la ciudad del Cabo, a Mumbai, a París y a la ciudad de México para unirse al prototipo de la ciudad de Los Ángeles. Elegimos la ciudad del Cabo porque representa a una sociedad empeñada en fortalecer su diversidad, antes que someterse a los flujos que ella le imponga. No fue sorprendente que los sudafricanos hayan puesto el énfasis del proyecto en el valor de la diversidad, como una metáfora para forjar la reunificación en la Sudáfrica del *post-apartheid*. Mumbai fue seleccionada porque así como es multicolor, multicultural y vive agobiada por los problemas propios de la vida urbana, también es un foco industrial inmensamente dinámico e innovador, cuya voz resuena a través de la India. Y escogimos París, una ciudad de la que todos podemos aprender, por la manera en que su patrimonio ha sido protegido. Pero también porque París ha sido retratada muy a la francesa, por ojos y mentes bien diestros. Queríamos saber cómo veían los jóvenes parisinos —nativos y extranjeros— su ciudad.

Es fácil ver, después de esta sinopsis, por qué elegimos a la ciudad de México. Capital desde hace siete siglos, esta megalópolis hace alarde de todo tipo de monumentos: desde el azteca hasta el barroco; del estilo *art déco* a los impresionantes rascacielos futuristas que se elevan sobre barrios pobres y edificios olvidados. Con veinte millones de habitantes, es la ciudad más poblada de la Tierra. Vibrante, aterradora, tradicional, llena de imaginación, de delicadeza y de confusión, opulenta, notoria y punta de lanza, ruidosa, dinámica, contaminada y enorme, pero hospitalaria, la ciudad de México desafía nuestro sentido del espacio. Por su visible mezcla de sangres y de culturas, su presencia impactante y su gran potencial de cambio, esta ciudad encaja en nuestros tres criterios básicos. Pero algo muy importante: la ciudad de México también señala la homogeneidad —un futuro que parece aguardar a la mayoría de los centros urbanos, amenazados por la sobrepoblación y por el mayor desarrollo. En un proyecto que pone de relevancia la personalidad, la ciudad de México nos invita a reflexionar sobre un asunto que todos deberíamos tener en mente: ¿puede ser que un esfuerzo consciente por preservar el patrimonio cultural del mundo —notablemente diverso— salve a la humanidad de un destino anónimo, monótono y tal vez monopolizador? Solamente la nueva generación puede decirlo.

It was in 1994 after the warm public response to *Picture LA* that, thinking of preservation with our eyes on the future, we decided to multiply the project elsewhere. To be relevant as models, we felt the cities had to embody *cultural diversity*—because urban centers are increasingly pluralistic worldwide and *development*—because so much of the past is needlessly sacrificed to accommodate change; and be *impactful*—so that we could eventually build up critical mass and alter behavior. From a long list of candidates, we picked Cape Town, Mumbai, Paris, and Mexico City to join the prototype city of Los Angeles. We picked Cape Town because it represented a society striving to build on the strength, rather than submit to the flaws, of diversity. Not surprisingly, Capetonians took the project's emphasis on the value of diversity as a metaphor for forging reunification in post-apartheid South Africa. Mumbai was enlisted because, equally multicolored, multicultured, and burdened with all the commonplaces of urban life, it is an immensely dynamic hub of industry and innovation whose voice resonates across India. And we picked Paris because we could all learn from a city that has cared for its heritage so well. But also because Paris is pictured chiefly through very French, well-trained eyes and minds. We wanted to know how young Parisians—native and foreign born—saw their city today.

It is easy to see from this summary why we chose Mexico City. A capital across seven centuries, this megalopolis boasts every type of monument from Aztec to baroque and art deco to strikingly futuristic skyscrapers that soar above backward slums and forgettable block buildings. With twenty million inhabitants, it is the most populated city on earth. Vibrant, terrifying, traditional, full of wit and tenderness and turmoil, opulent, notorious and trend setting, loud, dynamic, polluted, and huge but hospitable, this is a city that challenges our sense of scale. With a visible mix of bloods and cultural patterns, impactful presence, and great potential for change, it fits our three basic criteria. But very importantly, Mexico City also signals homogeneity—a future that seems to await most urban centers headed for population overflow and major development. For a campaign that values personality, Mexico City urges us to reflect on a question we should all be thinking about: Can a conscious effort to preserve the world's remarkably diverse cultural heritage save humanity from a faceless, monotonous, and perhaps monopolistic destiny? Only the new generation can tell.

Mahasti Afshar
The Getty Conservation Institute

Prefacio **Preface**

No estoy seguro de cómo los encontré. El Instituto Getty, a través de La Vaca Independiente, me invitó a dirigir este proyecto. No buscaba a nadie en especial, a nadie particularmente superdotado. Tenía que escoger a diez participantes, entre los nueve y los dieciocho años, para que dieran diez visiones diferentes de la ciudad, la reconocieran diez veces, cada uno a su modo. Para dar con ellos me ayudaron amigos, parientes, escuelas, una institución y un ángel de la guarda.

Durante cinco meses, los niños fotografiaron la ciudad de México acompañados por cinco guías. A Varinia y a Alejandra, de catorce años, las guió Paula Haro, fotógrafa. Alejandra tiene un galán y escucha a *Illya Kuriaki*. Escogió Los Viveros de Coyoacán porque allá iba a caminar con su papá que murió. Varinia se inclinó por las pirámides de Teotihuacán y las señoras que regresan del mercado. A Diego y a Casilda los condujo Helio Ojeda, escritor y fotógrafo. Diego tiene quince años, vive en Ciudad Satélite y participa en triatlones: 1,500 metros a nado, 10 mil metros en la pista de carreras y 40 mil metros en bicicleta. Eligió fotografiar a su bisabuelo y las Torres de Satélite. Casilda vive en un *pent-house* en Polanco; baila flamenco y prefirió los restaurantes, los cafés de lujo de su colonia y su antigua casa en Mixcoac. Paula Graf, historiadora, escoltó a Natassja y a Renée. Natassja vive en la colonia Condesa y a los catorce años quiere ser directora de cine. Retrató a su tío Luis Felipe tomando la siesta, una caseta con un teléfono descompuesto y una tortería en Insurgentes. Renée, de quince, vive en lo alto, en Las Águilas; es de las que andan en patineta y hacen pintas en los muros. Fotografió una pulquería, a un vendedor de camotes y a sus cuates patinadores. Salvador Vargas, ingeniero de sonido, acompañó a Rocío y a Rodrigo, de nueve años.

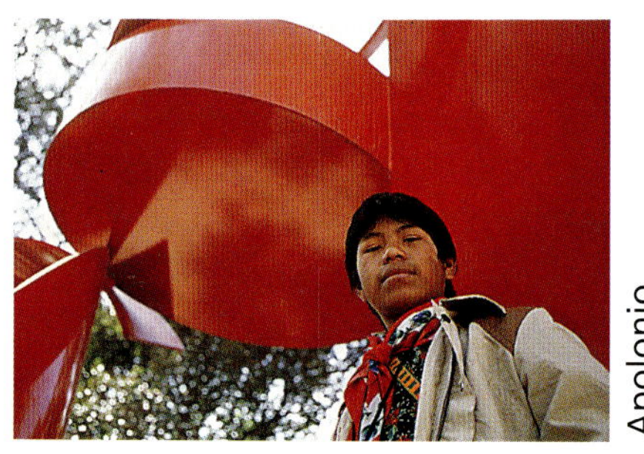

Apolonio

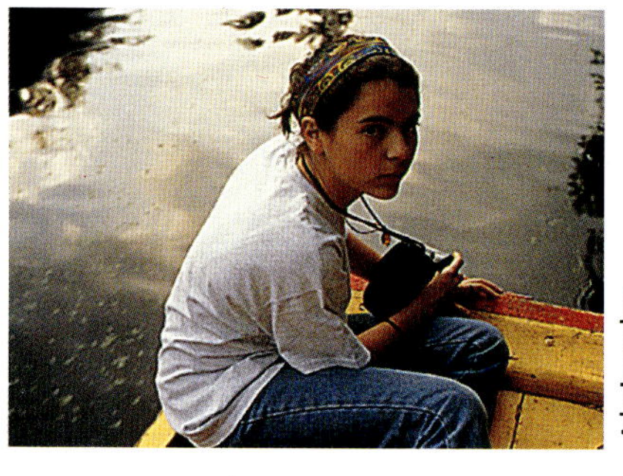

Alejandra

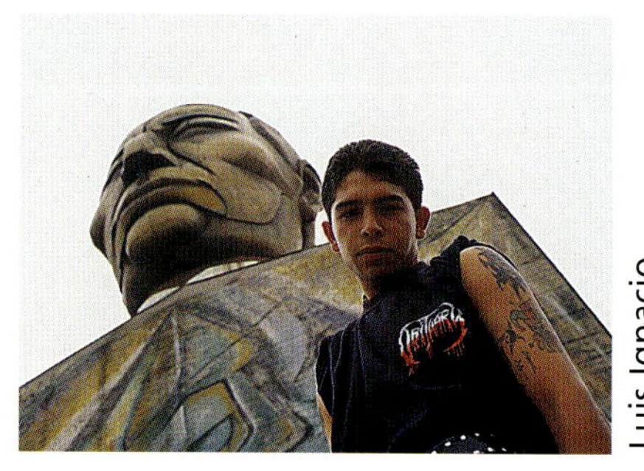

Luis Ignacio

Rocío vive en Chalma de Guadalupe donde termina el Distrito Federal, al lado del Reclusorio Norte. Retrató la Villa de Guadalupe, el Museo Nacional de Arte y a su tío arreglando un coche en la acera de su casa. A Rodrigo, de la colonia Peralvillo, lo que más le gusta en la vida es el teatro. Tomó fotos de Tlatelolco, de unos santos en la iglesia en la que él fue monaguillo y de los talleres de reparación de automóviles que están cerca de su casa. Yo seguí sobre todo a Luis y a Apolonio. Luis tiene dieciocho años, pertenece a Ciudad Nezahualcóyotl, se salió de su casa a los once años a vivir en un cuarto de lámina, en las canchas de básquetbol o donde lo agarrara la noche. Como nació el 2 de noviembre, día de muertos, se dirigió al cementerio, retrató los altares en las colonias populares levantados por los chavos-banda, los tubos del drenaje donde se esconden los niños y el hospital donde le salvaron la vida. Apolonio es un indígena huichol, es tímido y su idioma se le está yendo de entre las manos. A los catorce años trabaja en el mercado haciendo artesanías. Fuimos al zoológico para que conociera al venado del D.F. y lo fotografiara así como lo dibuja en chaquira porque es sagrado.

—Ser adolescente es adolecer de algo y yo soy una niña —dice Renée, que tiene ojos de chinita y pelo corto. Después, se dirige a Apolonio, el huichol, y le pregunta:
—¿Cuándo aprendiste a hablar español?
—En la escuela, hace dos años.
—¿Cómo se dice "aprendí a hablar español" en huichol?
Apolonio mira al cielo, sonríe, mueve la cabeza de lado a lado, trata de ignorar la pregunta. Cuando Renée insiste, responde:
—No sé, ya se me olvidaron las palabras.
Alejandra se abriga en sus gestos.
— Ser adolescente... no sé... es algo particular, especial.
Hace una mueca para dar a entender que no está muy segura.
—En estos meses yo aprendí muchas cosas de la vida que nunca volveré a ver —dice Rocío, que tiene muy mal genio.

Varinia toma del brazo a Apolonio y lo invita a bailar, aunque no hay música. Siguen los pasos de un vals encumbiado. Estamos en las pirámides de Teotihuacán. Coqueta, desinhibida, hace que Apolonio se sienta un rey: "Me estoy divirtiendo mucho".
—No, pues a mí me late más el *Heavy Metal* —aclara Luis con su cuerpo forrado de tatuajes.
—Yo prefiero los *Smashing Pumpkins* —dice Renée.

Casilda, la de Polanco, baila flamenco y lo canta. Desaparece entre los edificios y la música se va con ella. No es lo desafinado de Casilda lo que me deja espantado, es Luis que hace meses se apartó de las drogas y sobrevivió a una balacera que destrozó su abdomen. Ha perdido siete vidas, le han prestado otras tantas y hoy sale volando detrás de Casilda, vestido de negro. Carga una guitarra.

Natassja, que siempre habla de democracia y de justicia, pregunta qué tipo de censura habrá.
—Son más de diez mil fotografías, más de doscientos monumentos personales —le explico. Su pregunta me pone a pensar. He seleccionado cerca de setecientas imágenes. Durante varios meses, Helio Ojeda imprime doscientas copias de trabajo. Mónica Romero, diseñadora industrial, sustituye a Helio que regresa a Cuba. Paula Haro y Joel Martínez terminan de imprimir las fotos seleccionadas. De este laberinto saldrá la edición final.
—No hay censura, su opinión a la hora de ver los contactos es tan determinante como lo que ustedes escriban.

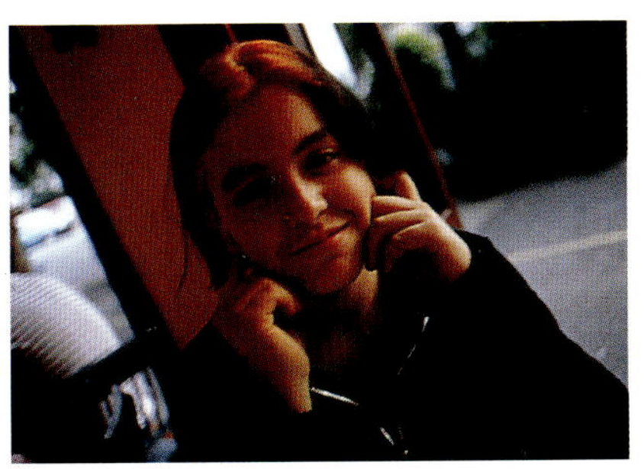
Natassja

Al despedirme de Natassja me siento incómodo. En algún momento uno pierde el objetivo de lo que está haciendo. Éste no es un libro de fotografías ni un experimento artístico. Busca hablar de los hombres, las mujeres, su casa, su lucha, su entorno y de cómo los lugares cotidianos transforman a la gente. Es un libro sobre el hombre ordinario y la preservación de sus recuerdos. Entre la memoria y el olvido, escucho a lo lejos las notas de una guitarra, quizá la de Luis, el sobreviviente.

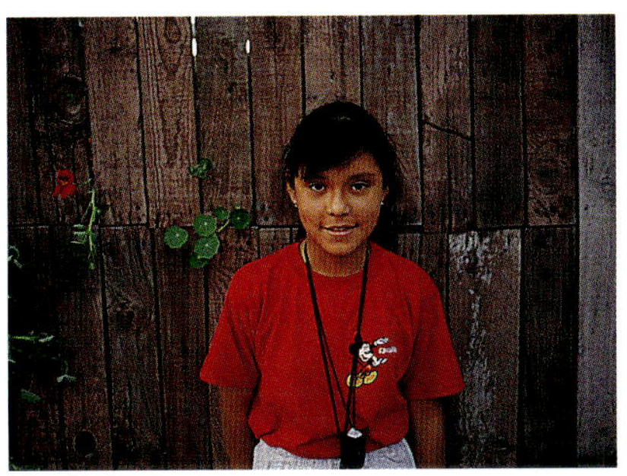
Rocío

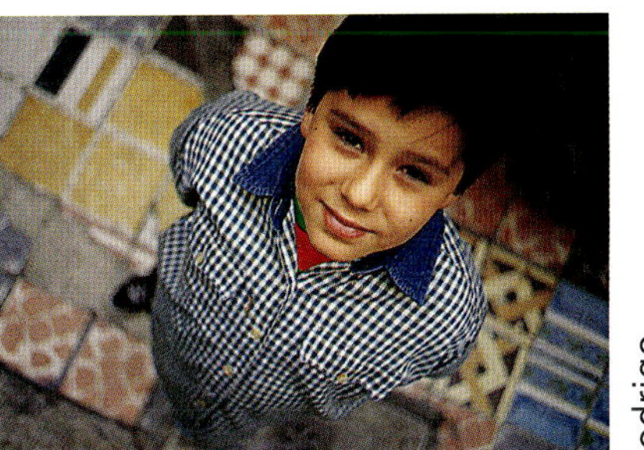
Rodrigo

Si un proyecto nos hace pensar, hoy en día ya es algo. Es lo mismo que queremos que le suceda al lector, queremos provocarlo para que recuerde y reconozca sus fronteras. En el proceso se han quedado algunas cosas fuera, pero allí están los barrios, los puestos de garnachas, la cabeza de Juárez, la lucha libre, el Zócalo, el monumento a la Revolución, los 180 puntos IMECA de la contaminación, los niños nadando en la fuente.

La memoria es lo único verdaderamente nuestro. Sin ella, somos hombres en peligro de extinción. La modernidad no mejora la calidad de vida, promueve la amnesia. Rodrigo, que se disfraza de Pedro Picapiedra, lo sabe bien, por eso hace teatro guiñol y lo lleva bajo el brazo. Por eso también retrató el Teatro Tepeyac donde los actores representan la farsa y la vida.

Los diez niños hicieron mucho más de lo que yo esperaba. A ellos les dedico este texto. De Diego, guardo en la memoria el siguiente comentario: "¡Cámara! Allí están las cosas, pero yo nunca les había puesto atención. Más que el libro y la exposición, durante estos cinco meses me he dado cuenta de lo que es mi ciudad".

Lorenzo Hagerman

I'm not really sure about how I found them. Through La Vaca Independiente, the Getty Conservation Institute invited me to direct this project. I wasn't looking for anyone in particular, no one exceptionally gifted. The project invited ten participants who ranged between nine and eighteen years old so that they could give ten different visions of the city, so that each one, in their own way, could recognize it in ten ways. Friends, family, schools, an institution, and a guardian angel helped me to find them.

Over a period of five months, the kids photographed Mexico City in the company of five guides. Varinia and Alejandra were guided by Paola Haro, a photographer. Alejandra has a boyfriend and listens to Illya Kuriaki. She chose the Coyoacán nurseries because she used to walk there with her father who is now dead. Varinia preferred the pyramids of Teotihuacán, and the women returning from the market. Diego and Casilda were led by Helio Ojeda, a writer and photographer. Diego is fifteen, lives in Ciudad Satélite, and takes part in triathlons: 1,500 meters swimming, 10,000 meters running, and 40,000 meters cycling. He chose to photograph his great-grandfather, and the Satélite Towers. Casilda lives in a penthouse apartment in Polanco, she dances flamenco, and preferred the luxury restaurants and cafés of her neighborhood and her old house in Mixcoac. Paula Graf, a historian, escorted Natassja and Renée. Natassja lives in the Condesa neighborhood and at fourteen she wants to be a movie director. She photographed her uncle Felipe taking a siesta, a broken down telephone booth, and a snack bar on Insurgentes. Renée, age fifteen, lives up high in Las Aguilas. She's one of those girls who goes around on a skateboard and tags the walls. She photographed a tavern, a sweet potato vendor, and her skating buddies. Salvador Vargas, a sound engineer, accompanied Rocío and Rodrigo, both nine years old. Rocío lives in Chalma de Guadalupe, where Mexico City ends, next to the Reclusorio Norte prison. She photographed La Villa de Guadalupe, the National Museum of Art, and her uncle repairing a car on the sidewalk by her house. What Rodrigo from the Peralvillo neighborhood likes most in life is the theater. He took photographs of Tlatelolco, some saints in the church where he was an altar boy, and the car repair shops near his house. I mostly followed Luis Ignacio and Apolonio. Luis Ignacio is eighteen, belongs to Ciudad Netzahualcóyotl, and left home at eleven to live in a room of corrugated iron in the basketball courts, or wherever the night took him. As he was born on November 2, Day of the Dead, he went to the cemetery and photographed the altars made by the gang members from the poor neighborhoods, the drainage pipes where the children go and hide, and the hospital that saved his life. Apolonio is a Huichol Indian and he is shy. His language is slipping through his fingers. He is fourteen and works in the market making arts and crafts. We went to the zoo so he could see the Mexico City deer and photograph them, in the same way he designs them in beads because they are sacred.

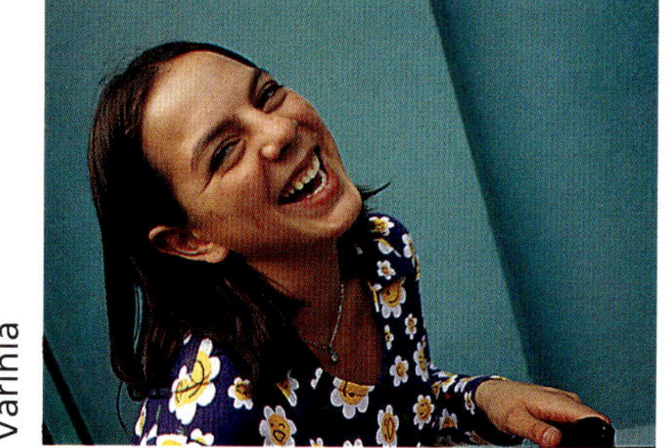
Varinia

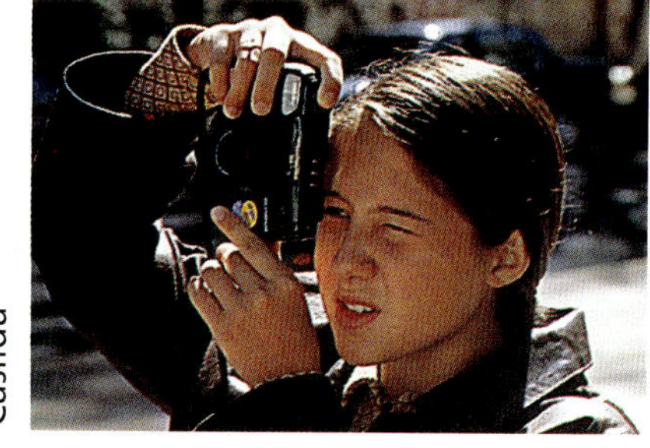
Casilda

—Being a teenager means to suffer something and I'm a girl —says Renée who has Chinese eyes and short hair. She then turns towards Apolonio, the Huichol, and asks him:
—When did you learn to speak Spanish?
—At school, two years ago.
—How do you say "I learned to speak Spanish" in Huichol?
Apolonio looks up to the sky, smiles, moves his head from side to side and tries to ignore the question. When Renée insists, he replies:
—I don't know, I've forgotten the words now.
Alejandra shelters herself with her gestures.
—Being a teenager ... I don't know ... is something very particular, it's special.
She makes a sign to show that she's not really sure about it.

—I learned a lot of things about life that I will never see again —says Rocío who has a very bad temper.
Varinia takes Apolonio by the hand and invites him to dance, even though there is no music. They are stepping to a cumbia-like waltz. We are at the pyramids of Teotihuacán. Flirty and uninhibited, she makes Apolonio feel like a king: "I'm really having fun."
—Well I prefer Heavy Metal —explains Luis Ignacio, his body covered in tattoos.
—I prefer the Smashing Pumpkins —says Renée.

Casilda, the girl from Polanco, dances and sings flamenco. She disappears amongst the buildings and the music goes with her. It's not Casilda's out-of-tune singing that frightens me, it's Luis Ignacio who stopped taking drugs some months ago and survived a bullet wound that destroyed his abdomen. He has lost seven lives, he's been lent a few others, and now he is running after Casilda dressed in black. He is carrying a guitar.

Natassja who is always talking about democracy and justice asks what kind of censorship there's going to be.
—There are more than ten thousand photographs and more than two hundred landmarks —explained Natassja. Her question gets me thinking. I selected almost seven hundred images. Helio Ojeda printed two hundred work prints over a few months. Mónica Romero, an industrial designer substituted for Helio when he returned to Cuba. Paula Haro and Joel Martínez finished printing the selected photographs. The final edition will emerge from this labyrinth.
—There is no censorship. Just like what you write, your opinion of the contact sheets is a determining factor.

I feel uncomfortable when I say goodbye to Natassja. At one stage or another you can lose sight of the objective. This isn't a photography book or an artistic experiment. The project wants to talk about men, women, their houses, their struggle, their surroundings, and how everyday places can transform people. It's a book about ordinary people and the conservation of their memories. Between memories and oblivion, I hear the notes of a guitar far away, maybe those of Luis Ignacio the survivor.

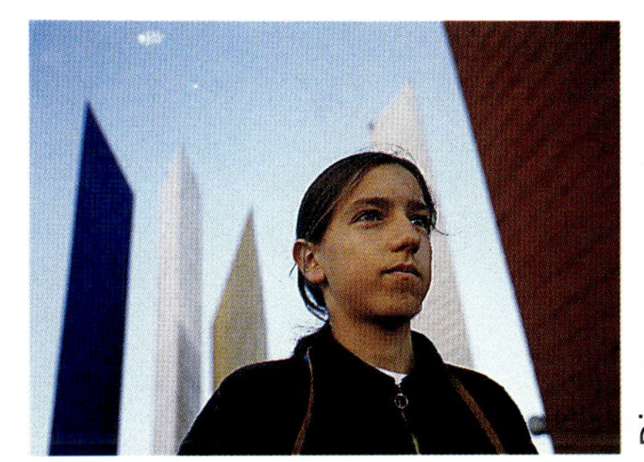
Diego

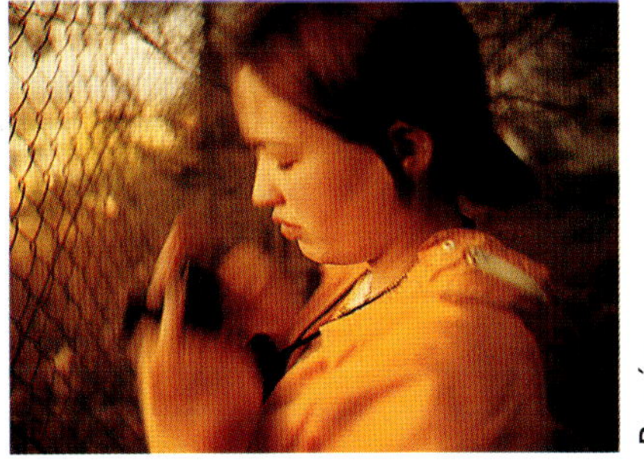
Renée

Nowadays, if a project makes you think, it's quite something. That's what we want to do to the reader. To provoke him or her to remember and recognize his or her frontiers. Some things have been left out in the selection process, but the neighborhoods are there, the *guarnacha* stalls, Juárez´s head, the wrestling, the Zócalo, the Monument to the Revolution, the extreme pollution, and the children swimming in the fountain.

The only thing that's really ours is our memory. Without it, we are in danger of extinction. Modernity doesn't change the quality of our lives, it promotes amnesia. Rodrigo who dresses up as Fred Flinstone knows this very well, that's why he has a puppet theater that he carries under his arm. That's also why he photographed the Tepeyac Theater where actors perform farce and life.

The ten kids did a lot more than I imagined. I dedicate this essay to them. About Diego, I will always remember the following comment: "Wow, things are there but I'd never paid attention to them. More than the book or the exhibition, what is important is that during these five months I have realized what my city is."

Lorenzo Hagerman

Ubicación de las tomas fotográficas
Photography locations

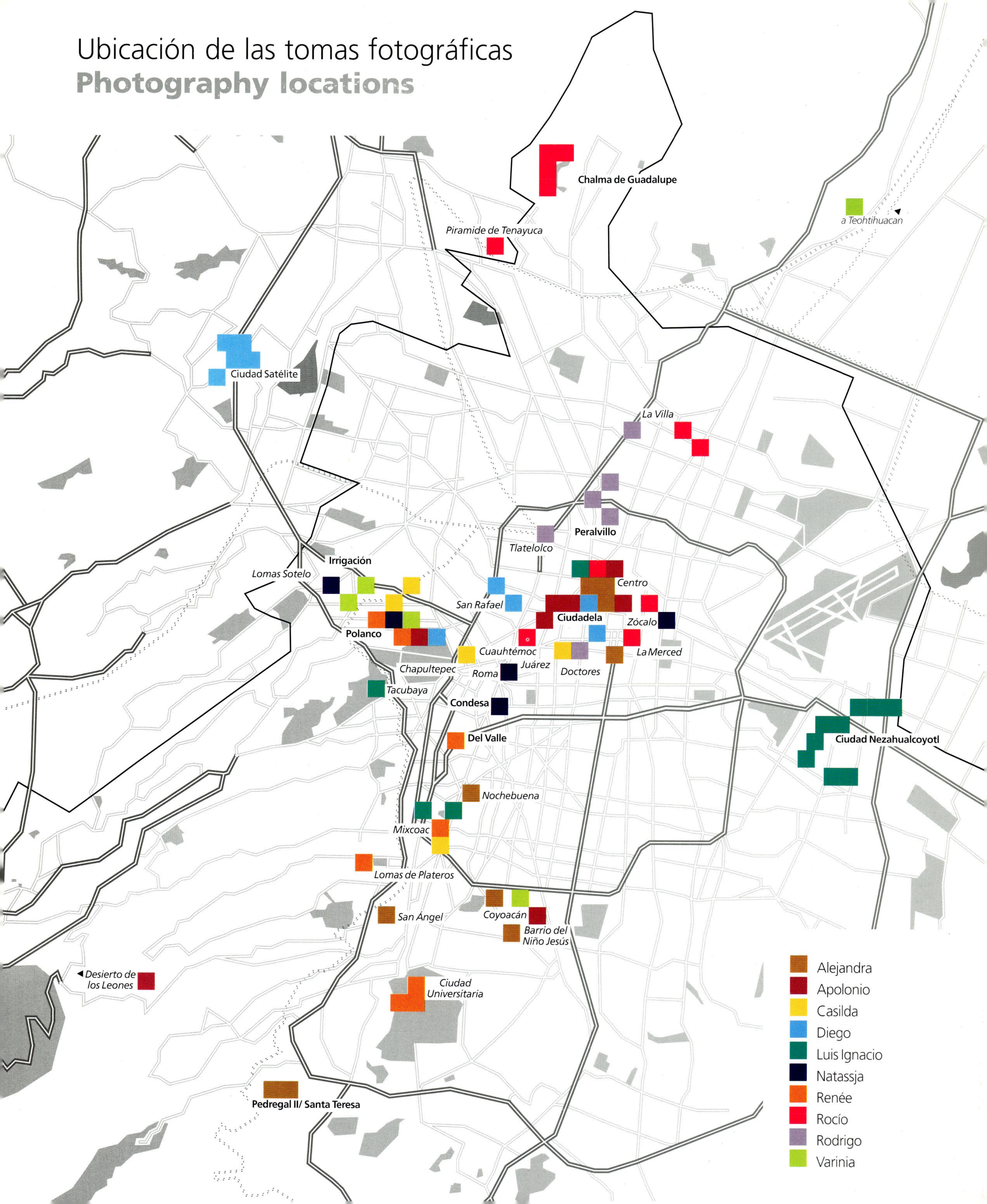

Las fotografías The Photographs

Yo tenía como once años cuando me corrieron de mi casa; a ellos también los corrieron y nos fuimos a vivir a ese cantón. Todos los problemas que tuve fueron por las drogas. Creo que **ése fue un día bastante decisivo.** Me acuerdo de que los veía que estaban ya hasta la madre y entonces me cayó el veinte de que yo ya no podía estar ahí. Fue cuando decidí rehabilitarme. **Ese día para mí es un monumento.**

I was about eleven years old when I was kicked out of my house; they were also kicked out and we went to live in that place. All the problems I had were because of drugs. I think **that day was very decisive.** I remember I saw how they were totally out of it and it was then that the penny dropped that I couldn't be there anymore. That's when I decided to go into rehabilitation. **For me that day is a landmark.**

Luis Ignacio

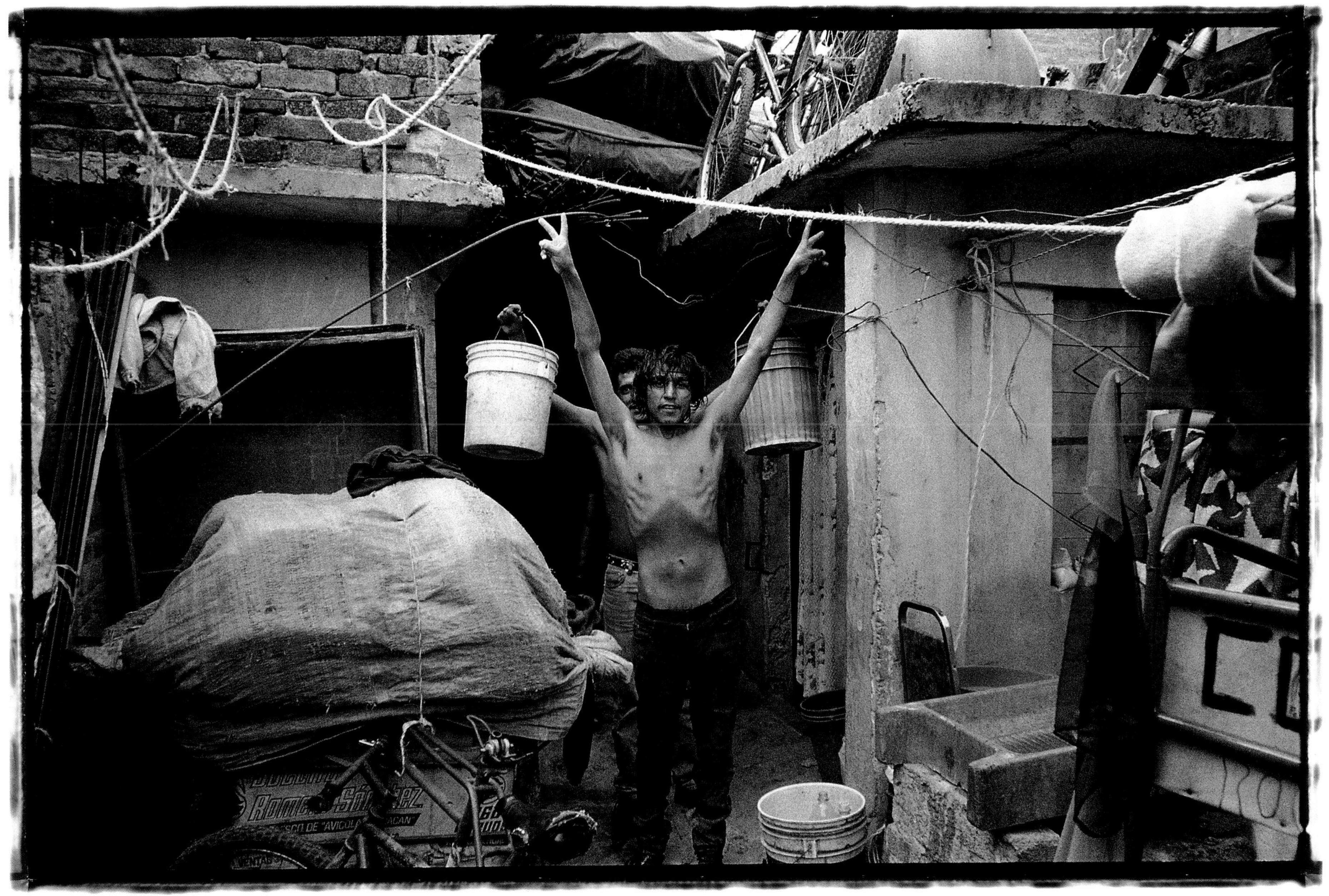

Luis Ignacio Romo Yáñez

El Tururú y el Cacos **Tururú and Cacos**

Ciudad Nezahualcóyotl

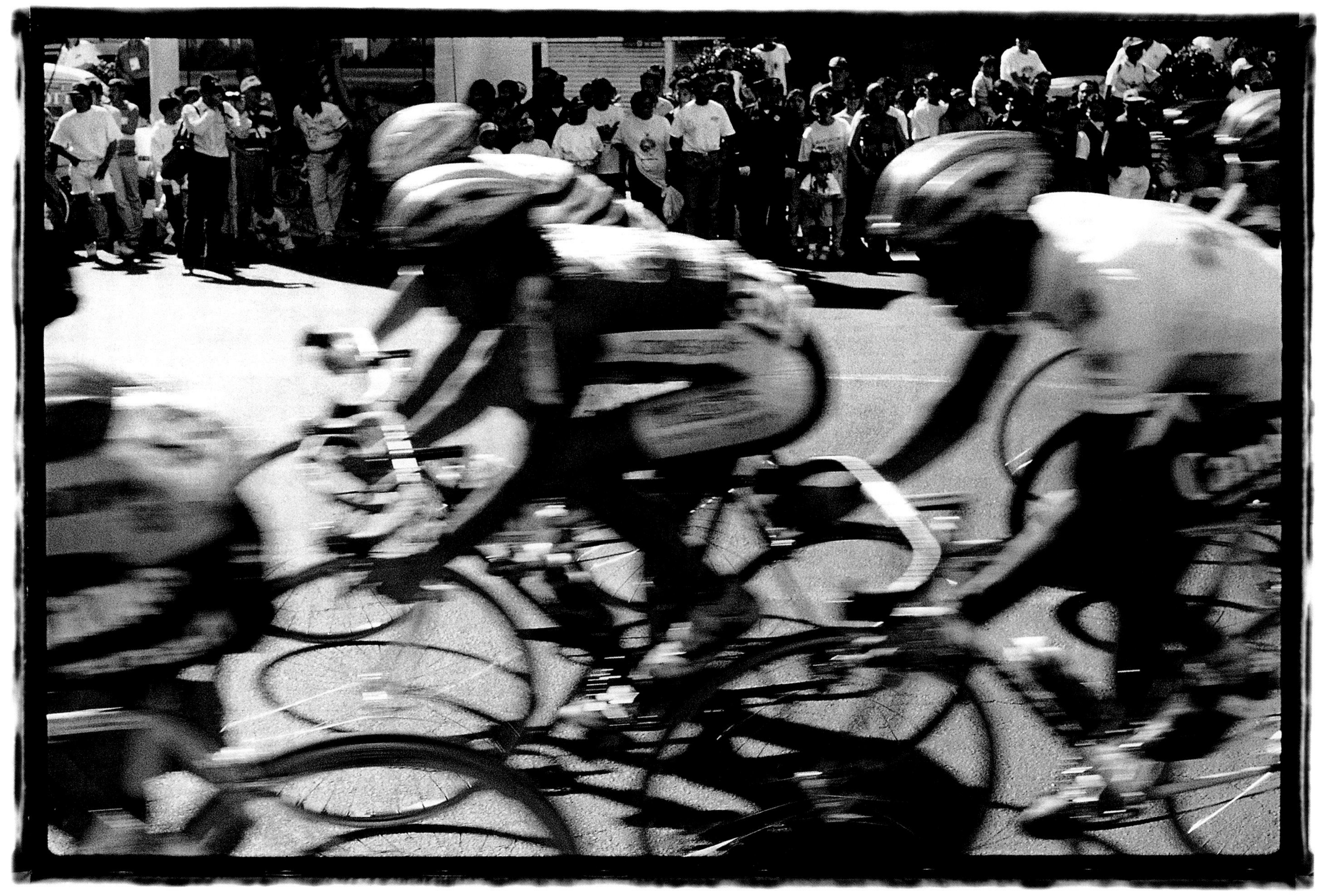

Diego Íñiguez Sosa

La Ruta Azteca Aztec Route Bike Race

Zócalo

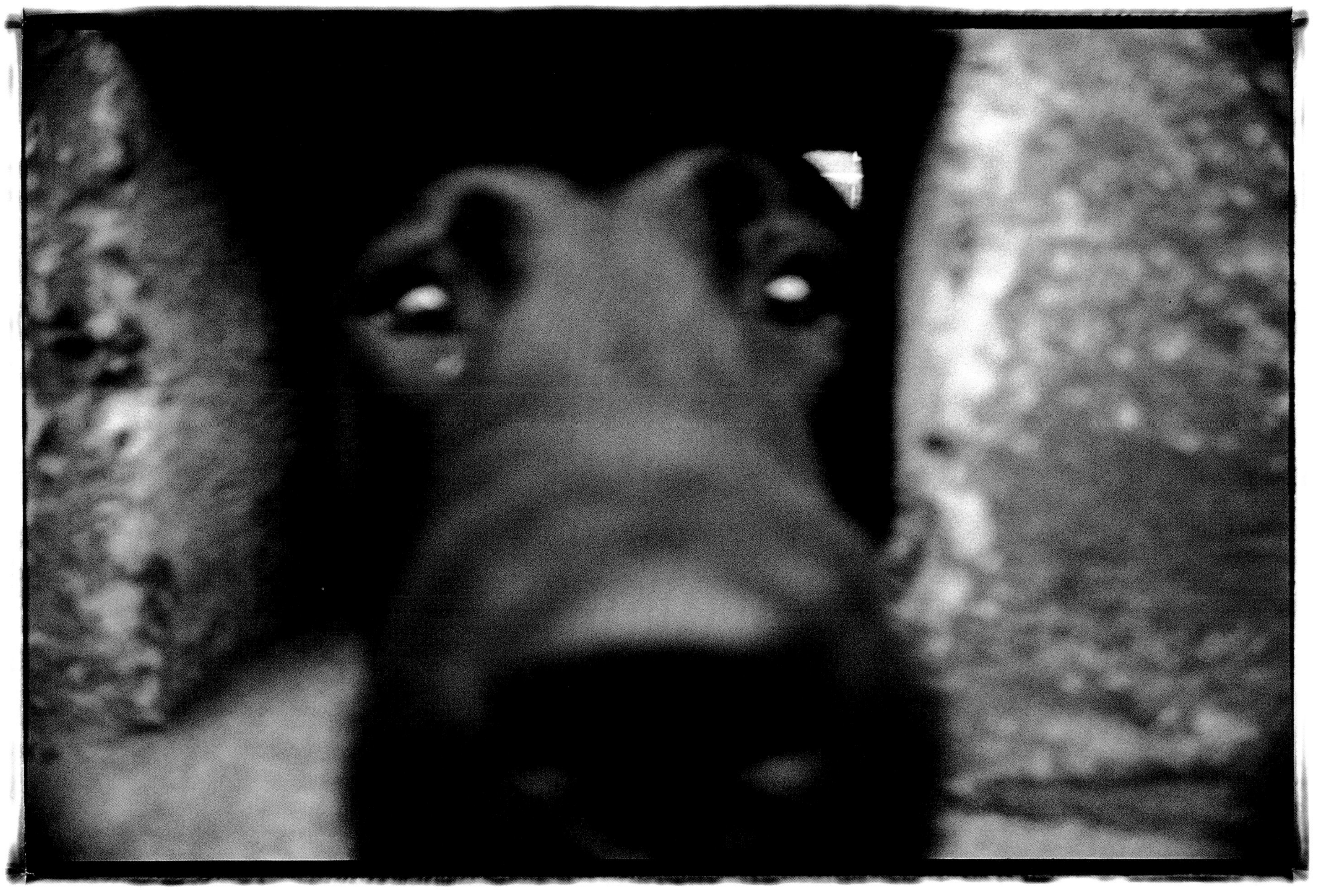

Alejandra España Natera

El Sabo, mi hermano My brother Sabo

Pedregal II, Santa Teresa

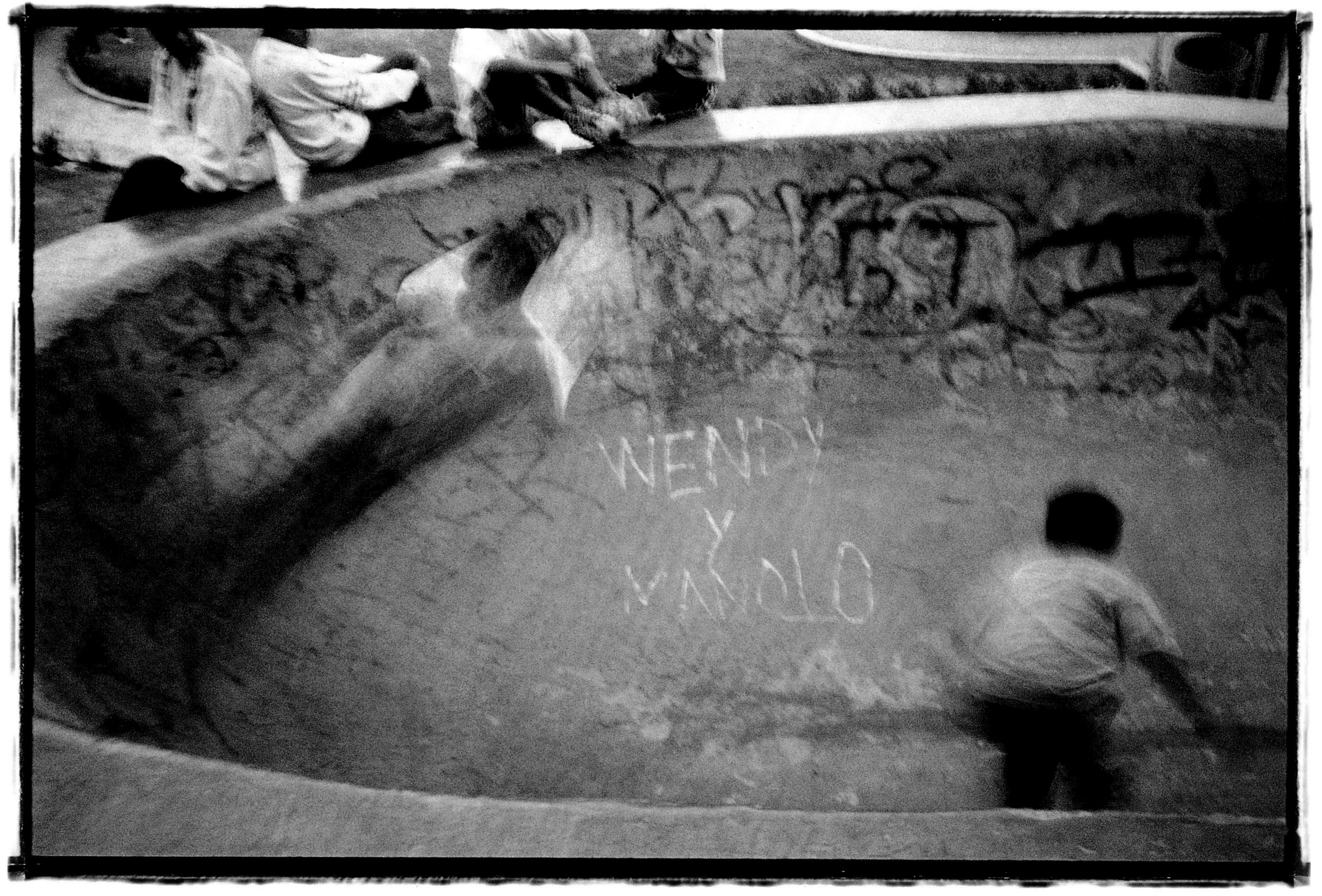

Luis Ignacio Romo Yáñez

Fosa para patinar **Skateboard park**

Tlatelolco

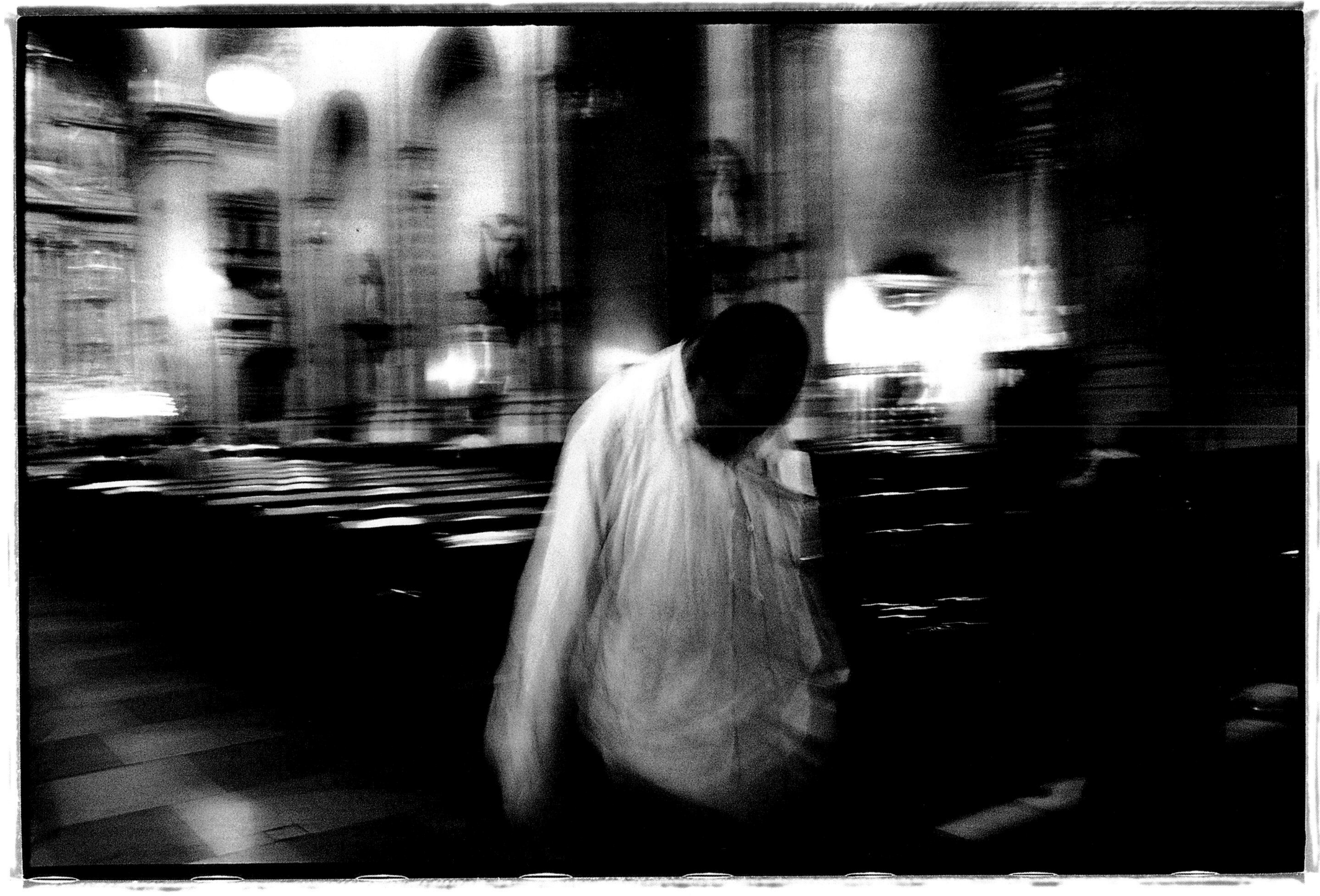

Rocío Juárez Argueta

Templo de Santo Domingo
Santo Domingo Church

Centro

Éste es mi bisabuelito. Yo me siento a platicar horas y horas con él, y me cuenta sobre la invención de la luz, de cuando pusieron luz en su casa y de cuando vio el primer coche. Nació en el siglo pasado, tiene 98 años. Él es la historia misma, no es parte de la historia, sino que él es la historia.

This is my great-grandfather... I sit and talk to him for hours and hours. He tells me about the invention of light, when light was installed in his house, and when he saw the first car. He was born last century, he's 98 years old. He is history itself, not part of history, but he is history.

Diego

Es importante conservar las huellas de la historia para conservar nuestra cultura, una tradición, un valor, porque si no, no sabemos quiénes somos.

It is important to conserve the traces of history in order to conserve our culture, a tradition, a value, because if we don't we don't know who we are.

Casilda

Diego Íñiguez Sosa

Mi bisabuelito My great-grandfather

Ciudad Satélite

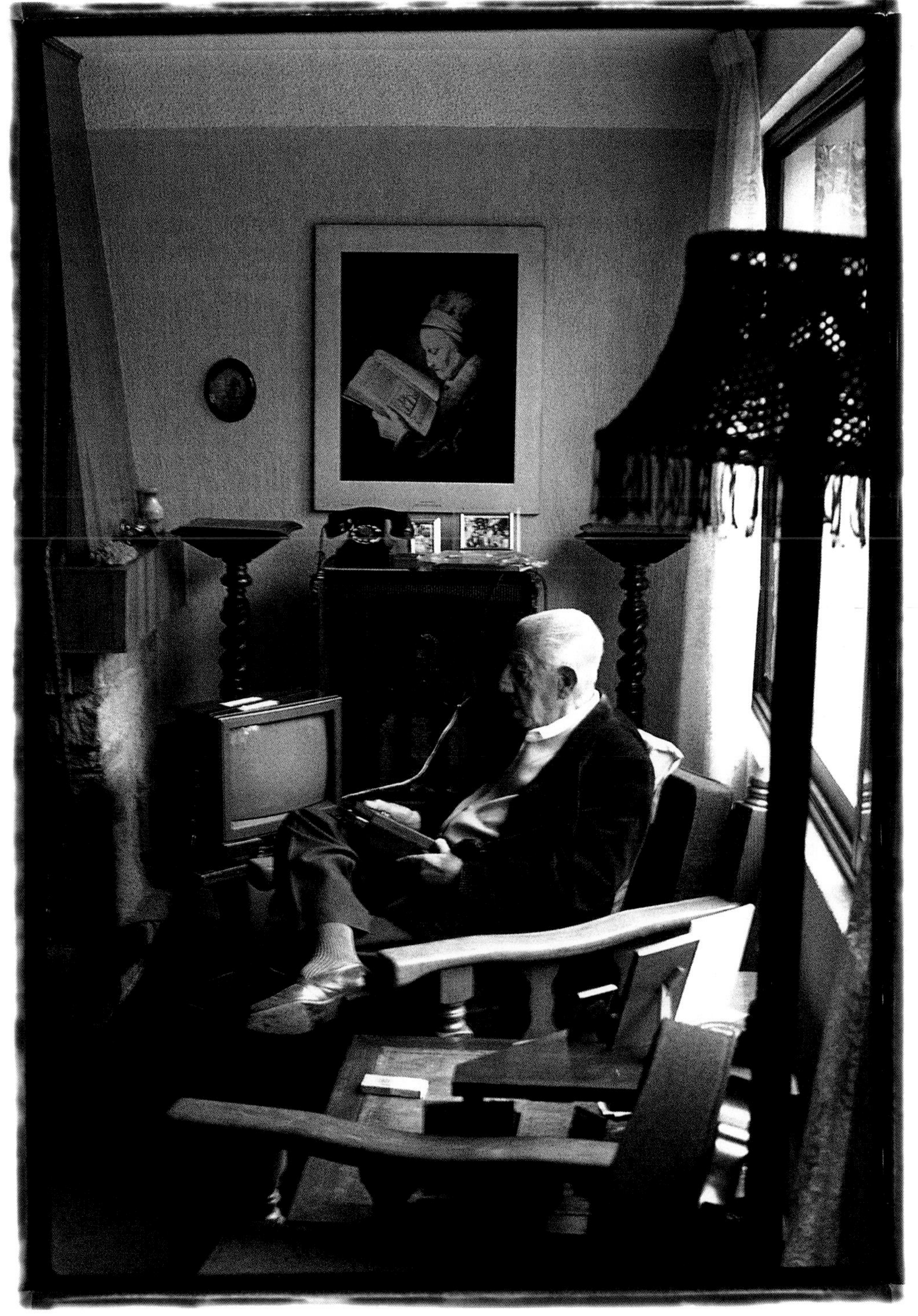

Es un monumento a una guerra que hicieron por México y por la gente de aquí. **Es el monumento para que nunca olviden la Revolución.**

It's a monument to a war that was fought for Mexico, not for anything else, for Mexico and its people. **It's a monument so that they never forget the Revolution.**

Rocío

Me dijeron que el monumento a la Revolución pesa 98 toneladas, a mí me gustan esos datos chistosos. Un día, mi abuelito vio cómo se caía uno de los focos de los adornos de Navidad desde la punta del monumento y no se rompió. Lo recogió y lo tiró. **Ahora se arrepiente de no haberlo conservado.**

I was told that the Monument to the Revolution weighed 98 tons, I like those weird pieces of information. One day my grandad saw a light bulb from the Christmas decorations fall from the top of the monument and it didn't break. He picked it up and threw it away. **Now he regrets he didn't keep it.**

Diego

El monumento a la Revolución es una casa muy grande.

The Monument to the Revolution is a very big house.

Apolonio

Diego Íñiguez Sosa

Monumento a la Revolución
Monument to the Revolution

Centro

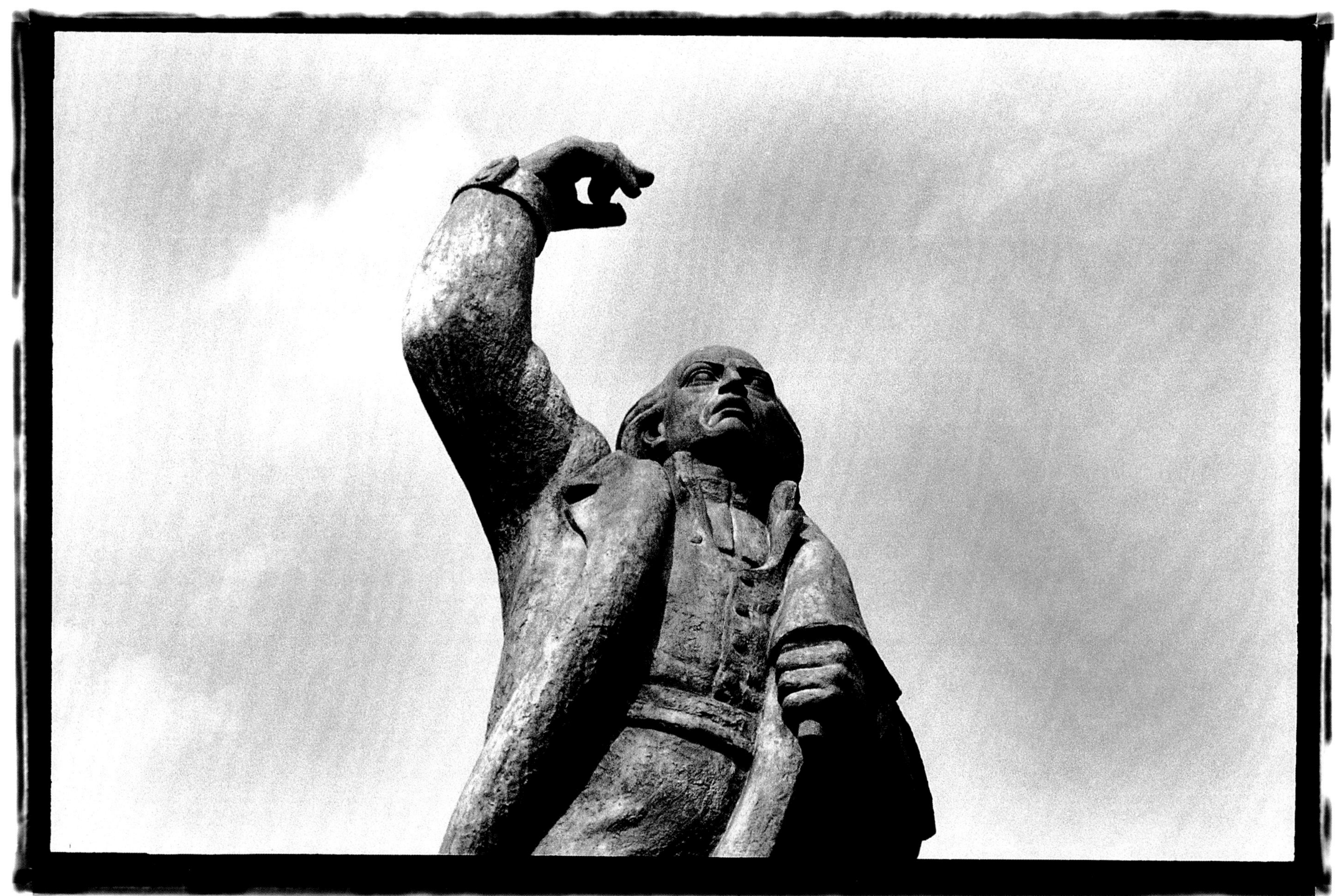

Apolonio Carrillo Carrillo

Estatua de Miguel Hidalgo
Statue of Miguel Hidalgo

Colonia Coyoacán

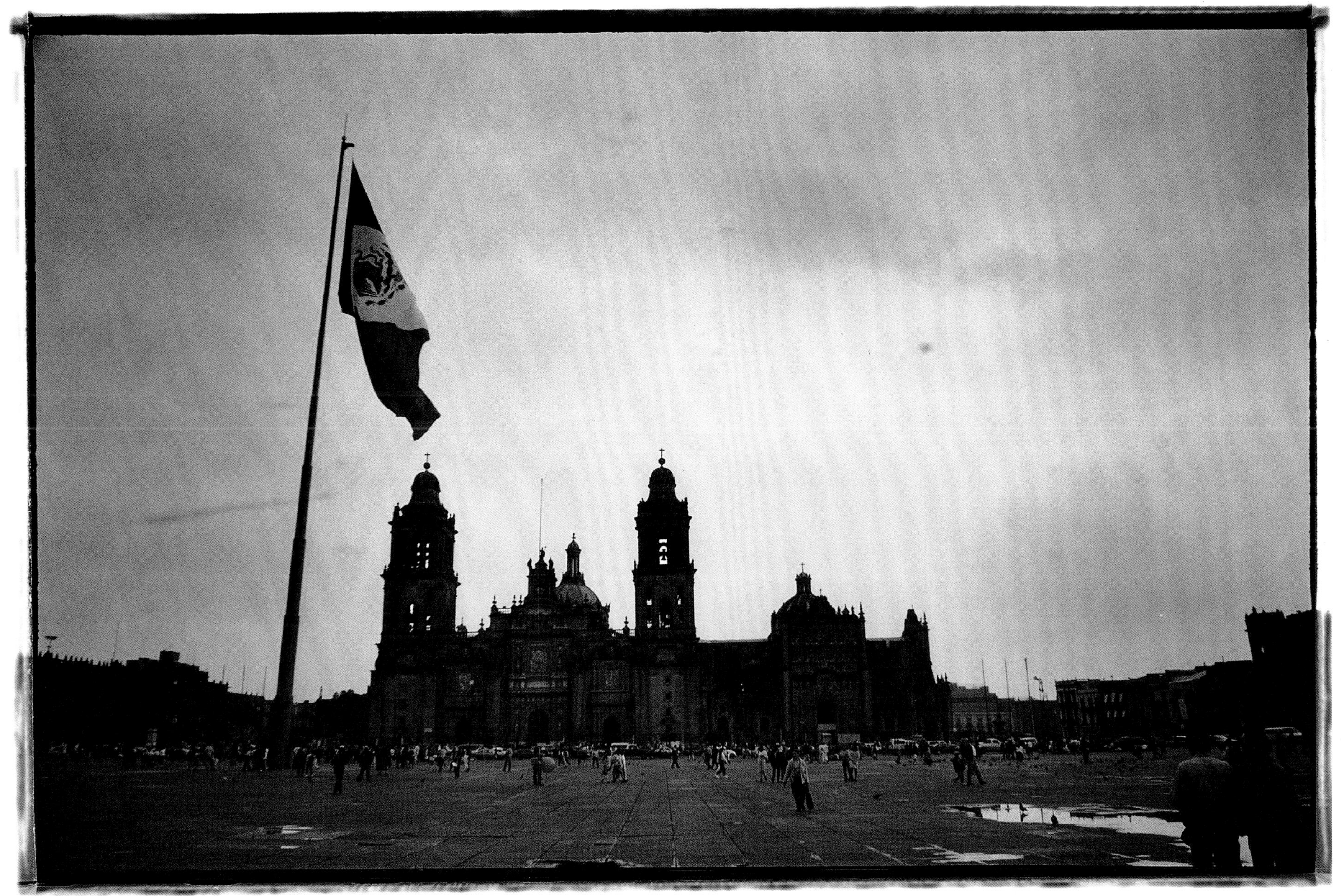

Diego Íñiguez Sosa

Catedral Cathedral

Zócalo

El cielo y las nubes son importantes para que llueva, para que crezca lo que sembramos y para que los árboles no se enfermen. El agua que cae del cielo nosotros la tomamos. Cuando está nublado me siento bien y cuando está soleado me siento mal, me duele la cabeza.

The sky and the clouds are important for the rain; that's how what we sow grows, so the trees don't get sick. We drink the water that falls from the sky. When it's cloudy I feel good and when it's sunny I feel bad, my head hurts.

Apolonio

El Zócalo tiene un poder sobre la persona porque representa todas las partes que conforman nuestra sociedad. Para mí es algo impresionante.

The Zócalo has power over people because it represents all the parts that make up our society. To me it's very awesome.

Natassja

Natassja Ybarra Klor

Palacio Nacional National Palace

Zócalo

En mi otra casa, ésta era la única ventana por donde entraba la luz.

In my old house this was the only window through which light entered.

Casilda

Muchas veces no te das cuenta de lo que haces a diario, pero si te pones a pensar, te das cuenta de que si no hicieras esas cosas o si no pasaras por *x* lugar, tu vida a lo mejor sería completamente diferente.

Most of the time you don't notice what you do every day. But if you think about it, you realize that if you didn't do those things or if you didn't go by x place, your life would perhaps have been completely different.

Varinia

En mi otra casa At my old house

Colonia Mixcoac

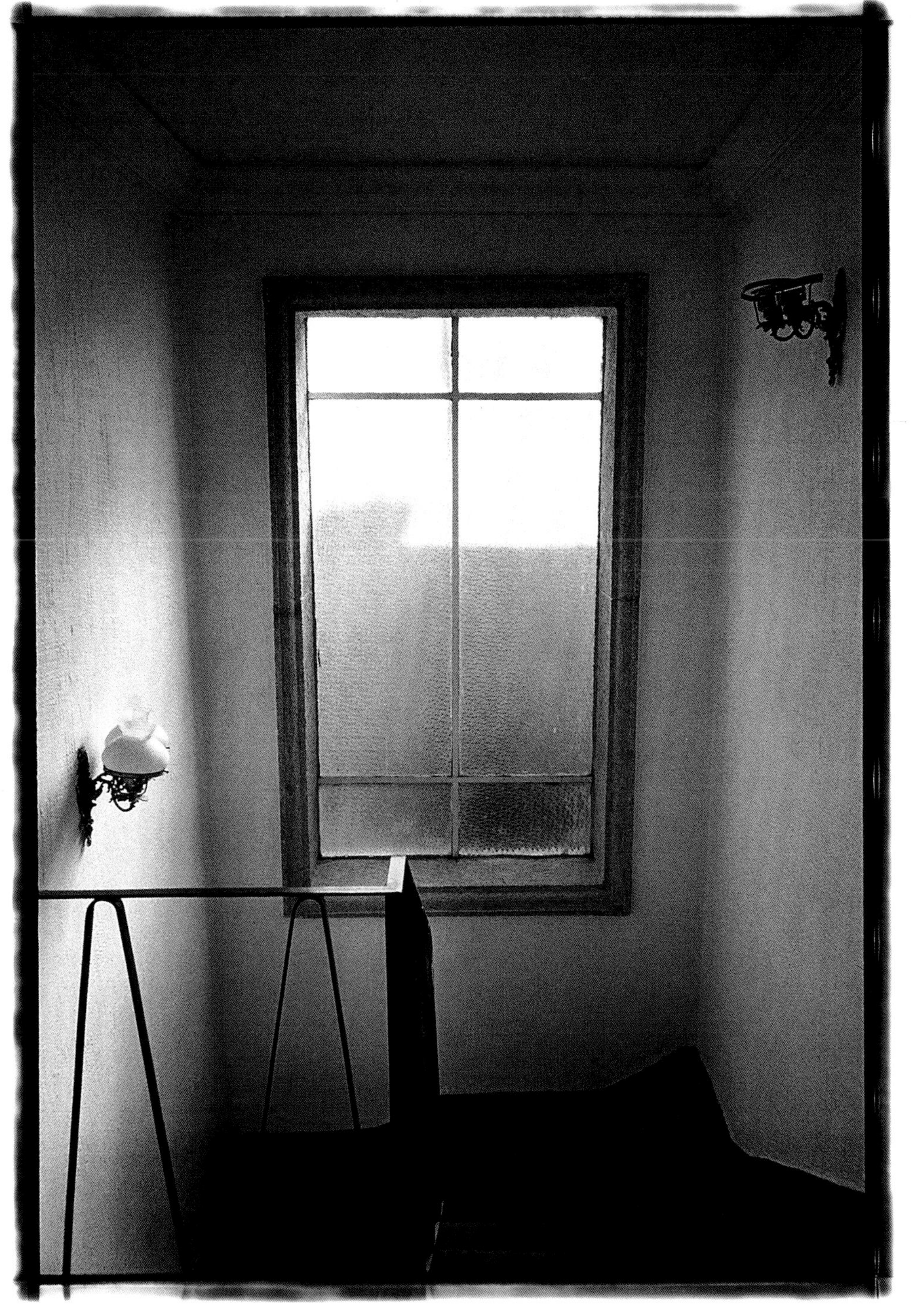

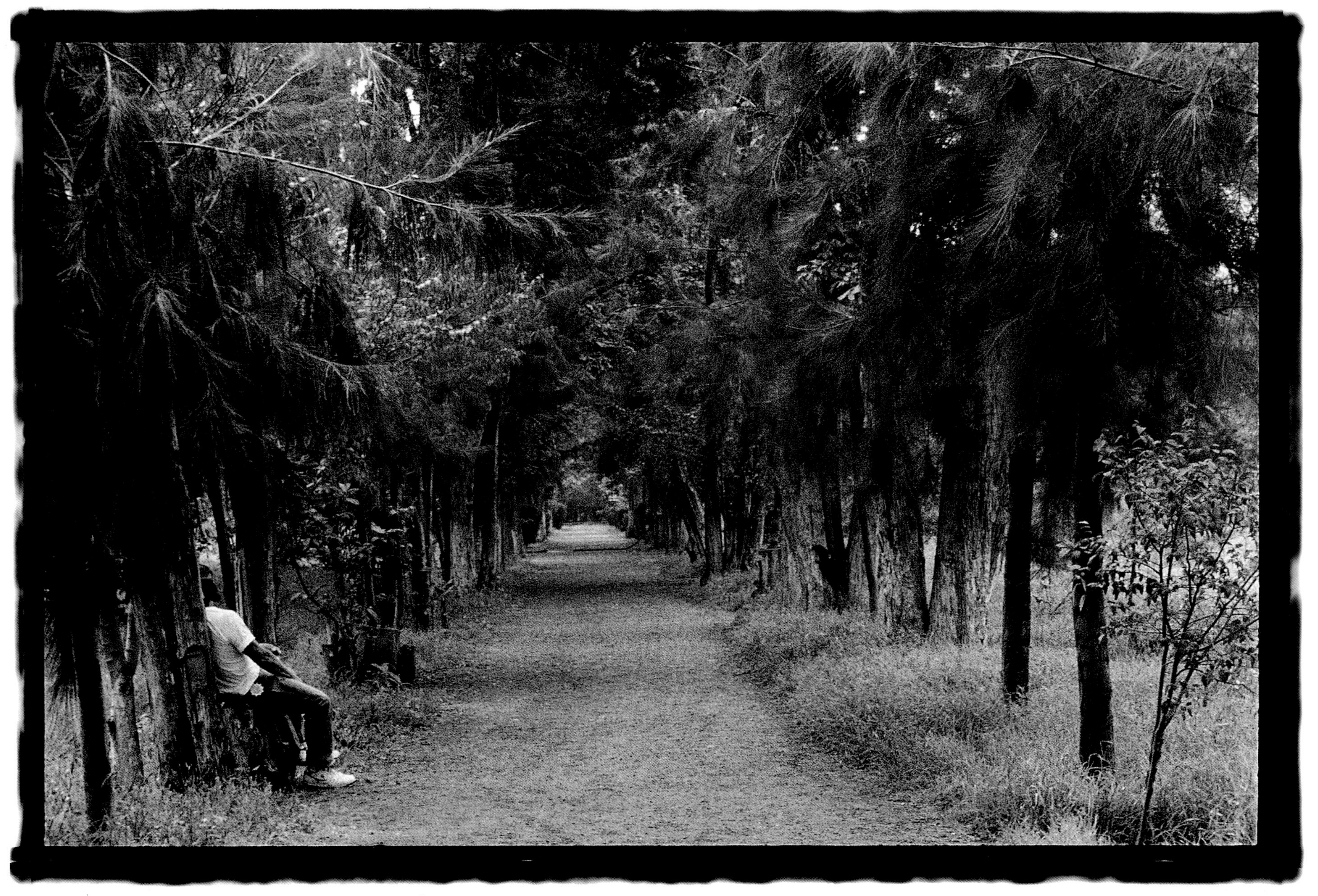

Alejandra España Natera

Viveros de Coyoacán **Coyoacán nurseries**

Colonia Coyoacán

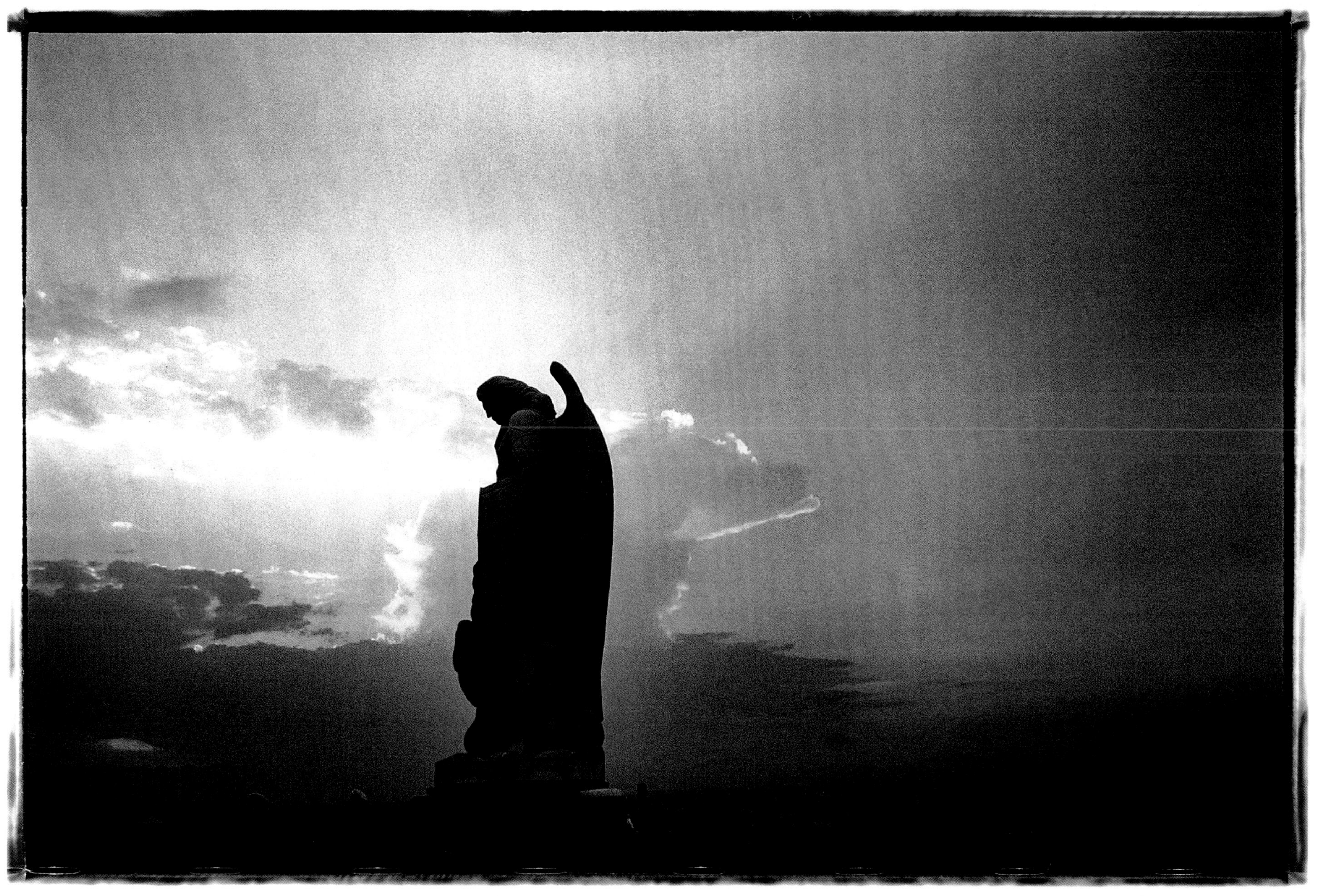

Rocío Juárez Argueta

Cerro del Tepeyac **Tepeyac Hill**

La Villa

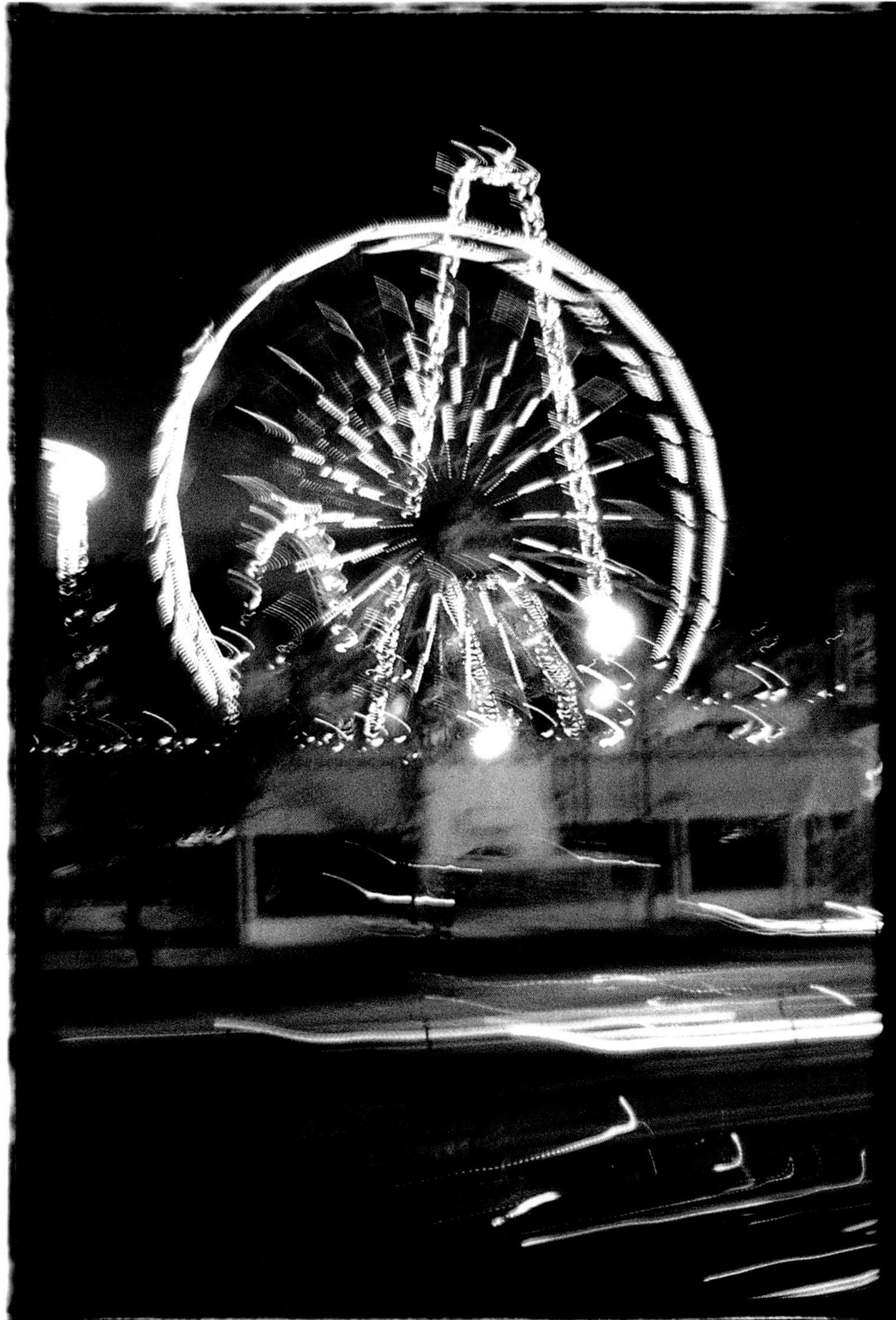

Diego Íñiguez Sosa

Parque de diversiones Divertido

Divertido amusement park

Ciudad Satélite

Natassja Ybarra Klor

Sound Wich Sound Wich

Colonia Condesa

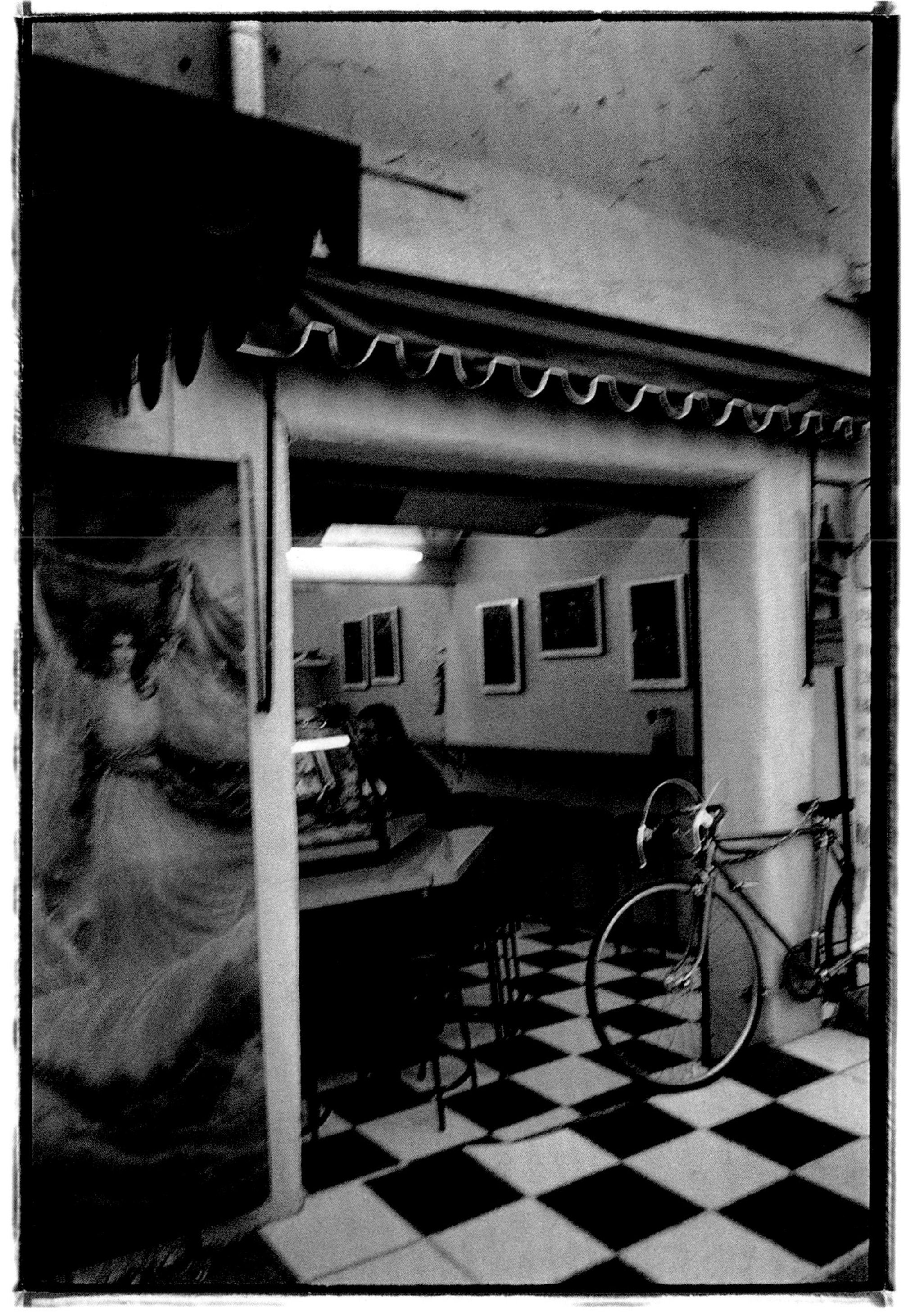

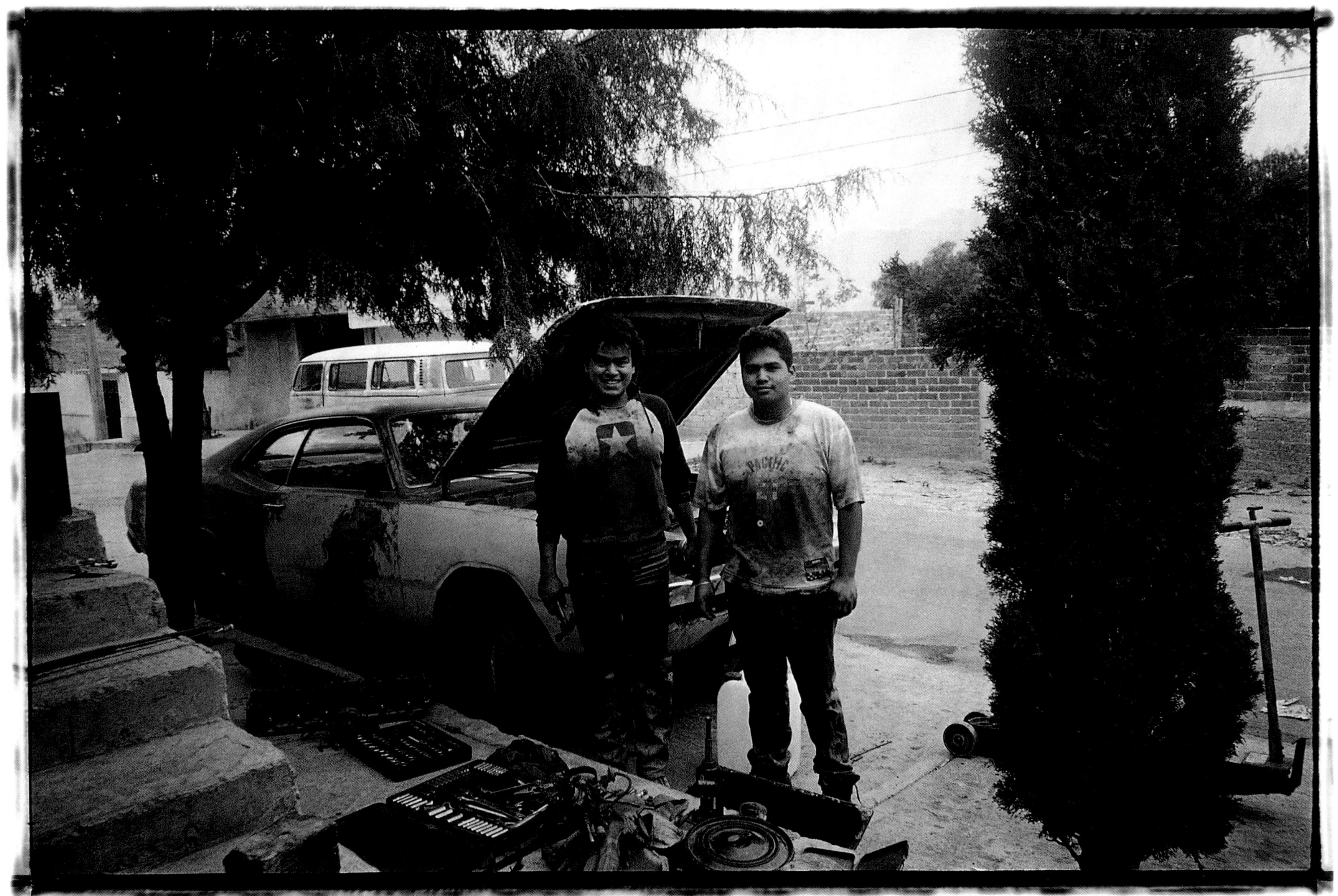

Rocío Juárez Argueta

Mi tío Ismael y mi primo Miguel Ángel
My uncle Ismael and my cousin Miguel Ángel

Chalma de Guadalupe

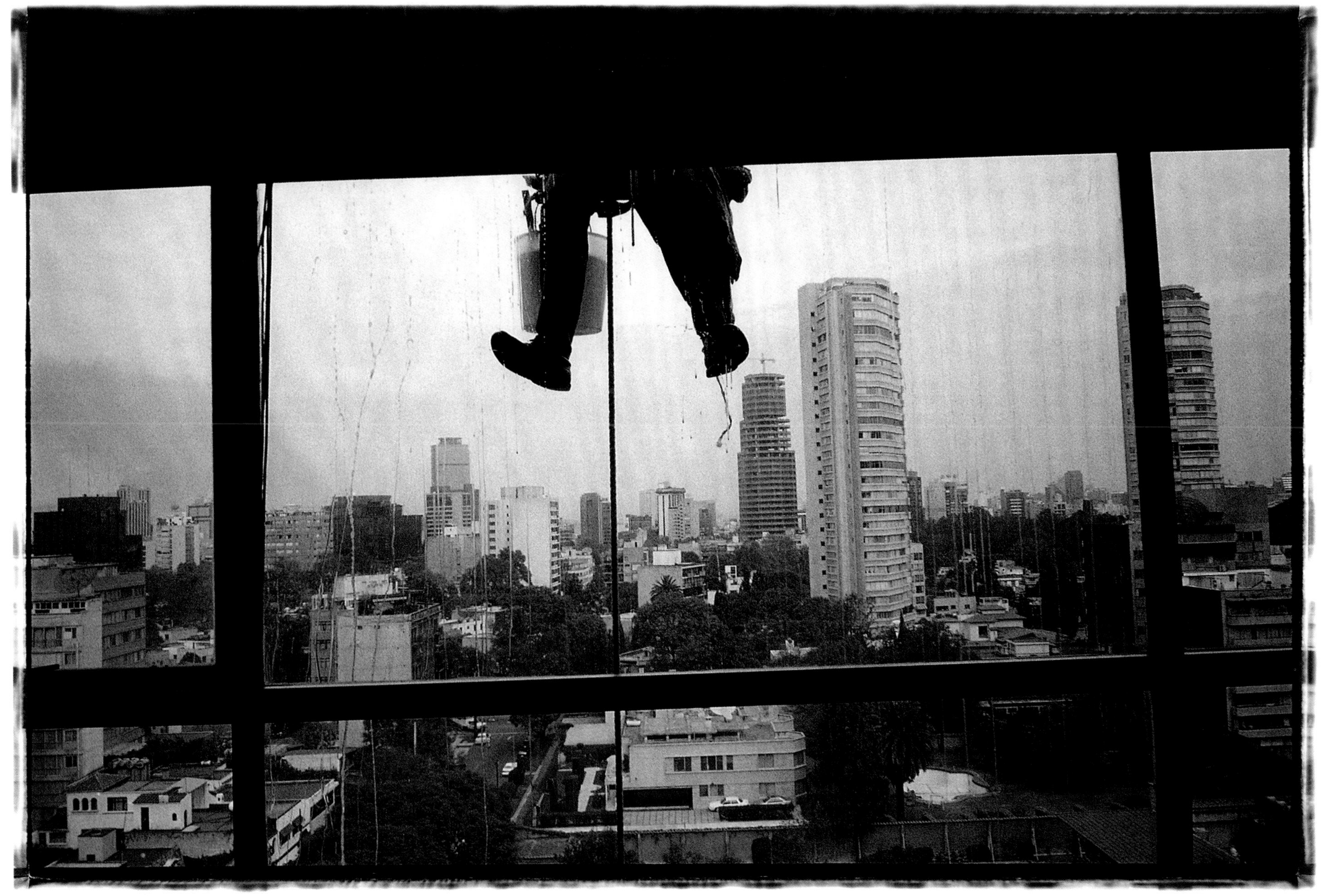

Casilda Madrazo Salinas

Panorama de Polanco Polanco skyline

Colonia Polanco

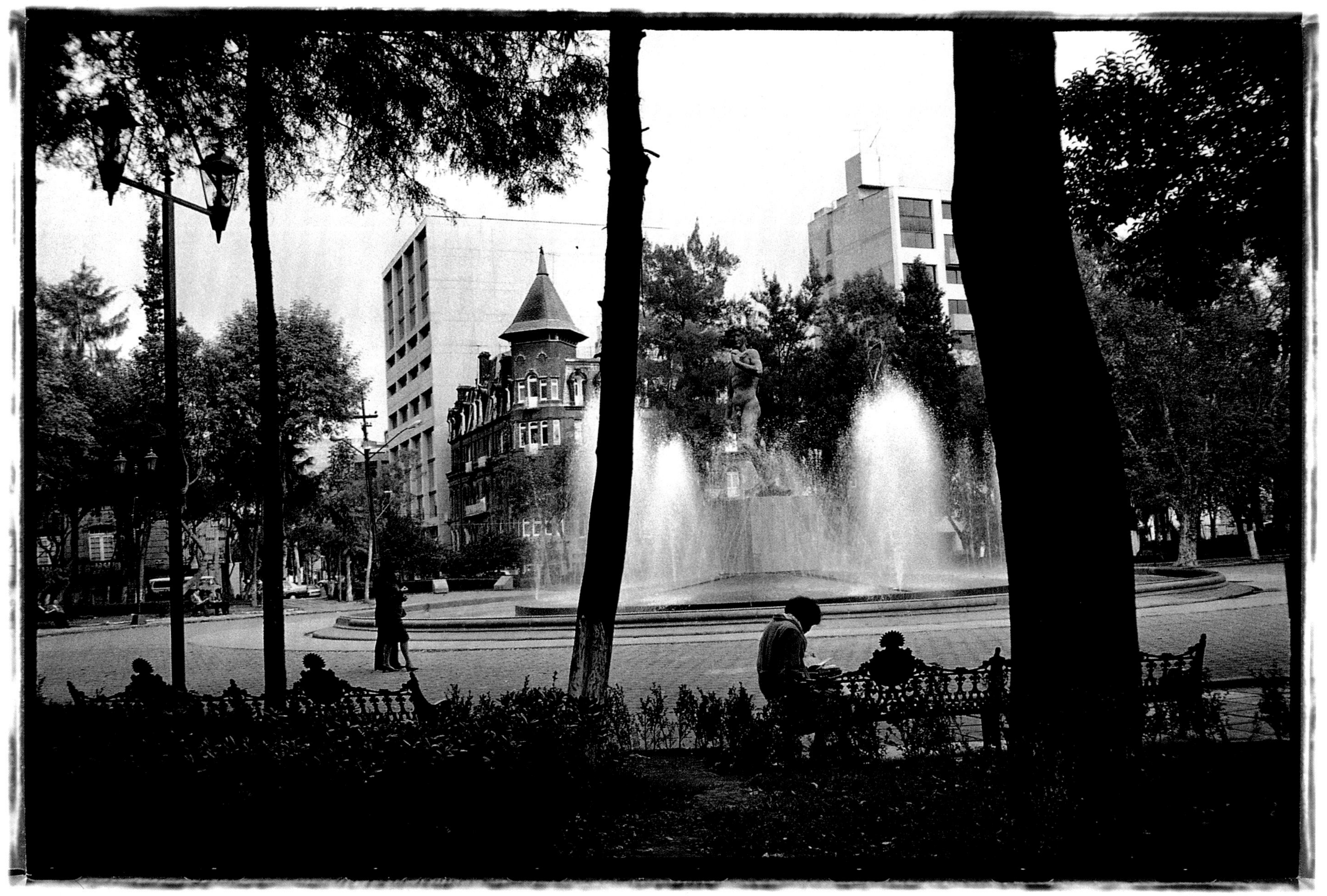

Natassja Ybarra Klor

Plaza Río de Janeiro Rio de Janeiro Square

Colonia Roma

Alejandra España Natera

Viendo volar al Chupacabras
Watching the Chupacabras fly

Colonia Cuauhtémoc

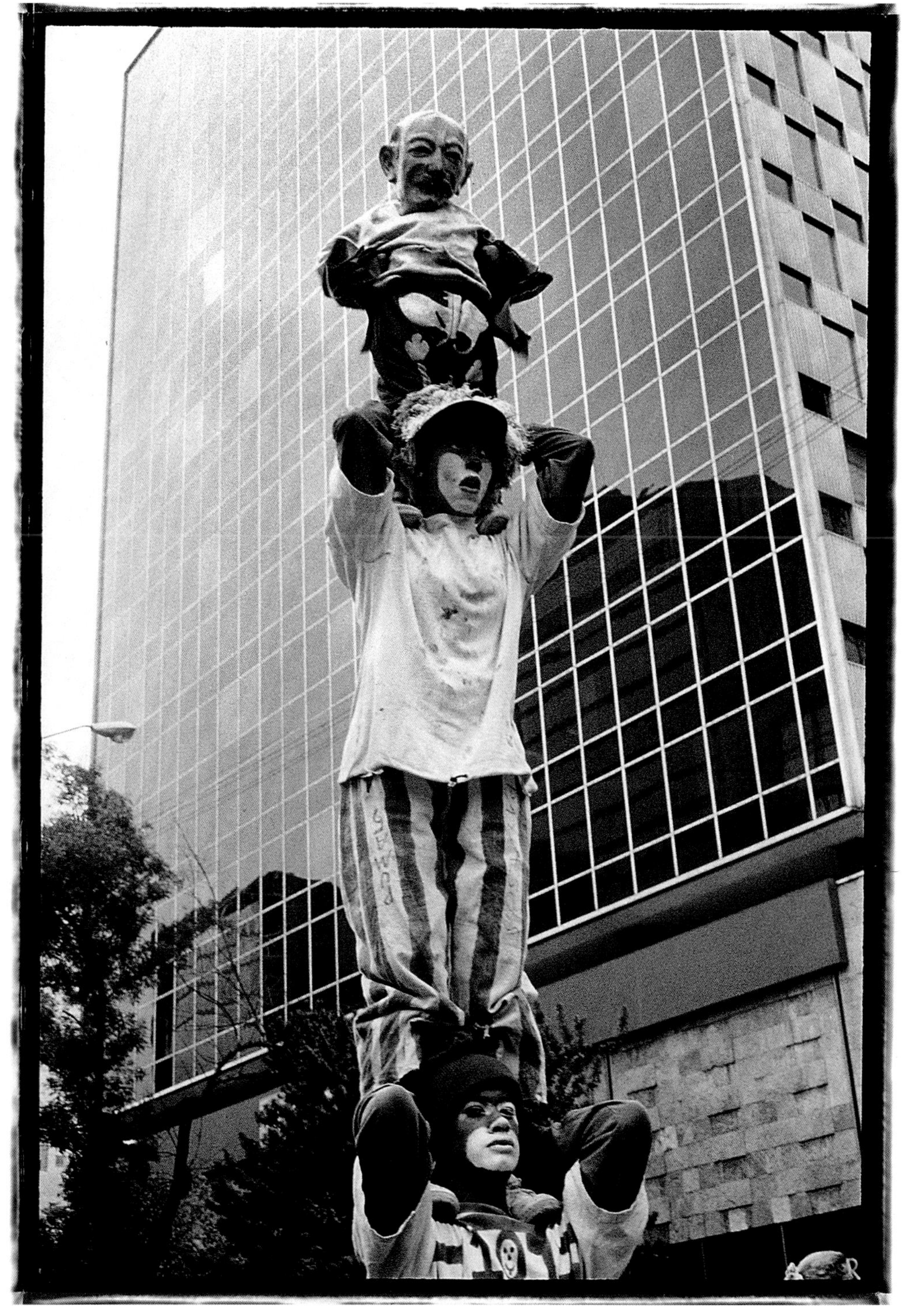

Un monumento es un lugar importante para mí. Algún lugar que, estando ahí, lo hice mío.

A landmark is a place that's important to me. A place that, having been there, I made it mine.

Casilda

Pintar las paredes de las calles es una forma de expresión para los jóvenes. En este lugar hacen ofrendas todos los años el día dos de noviembre para los muertos de la banda. Mi fecha de nacimiento es el dos de noviembre.

Painting the street walls is a way for youth to express themselves. Every year on November 2 offerings are made here to gang members who have died. My birthday is November 2.

Luis Ignacio

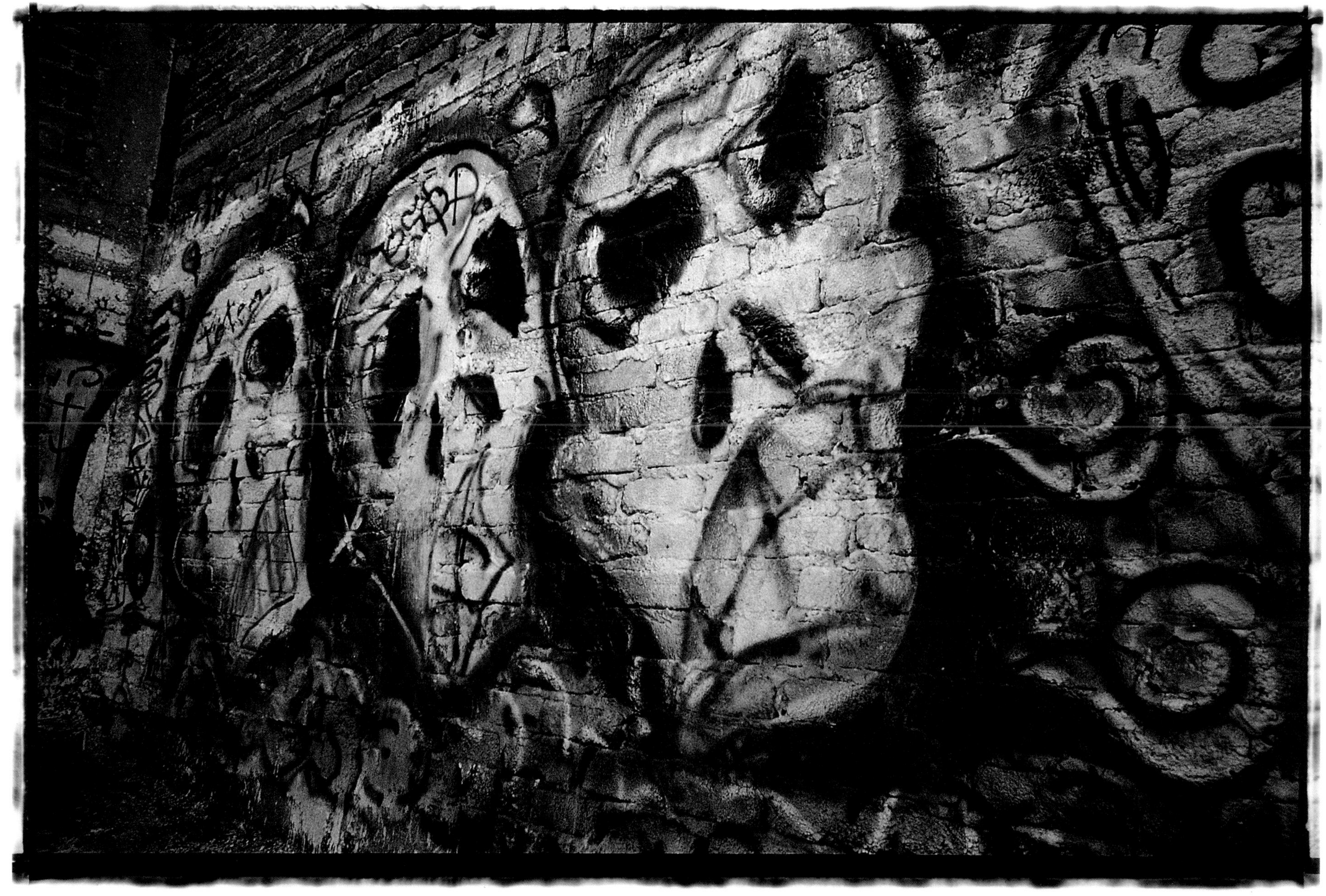

Luis Ignacio Romo Yáñez

Altar de muertos **Altar for the dead**

Ciudad Nezahualcóyotl

El altar es para mi papá, lo hacemos todos los años entre mi mamá y yo. Para mí es como una forma de pensar que mi papá todavía está aquí, como que todavía lo recuerdo, aunque ni siquiera lo conocí bien.

The altar is for my dad; my mother and I do it every year. For me it's a way of imagining that my dad is still here; it's like I still remember him even though I didn't know him well.

Si no tuviéramos recuerdos sería como si no fuéramos nada.

If we didn't have memories it would be as if we were nothing.

Varinia

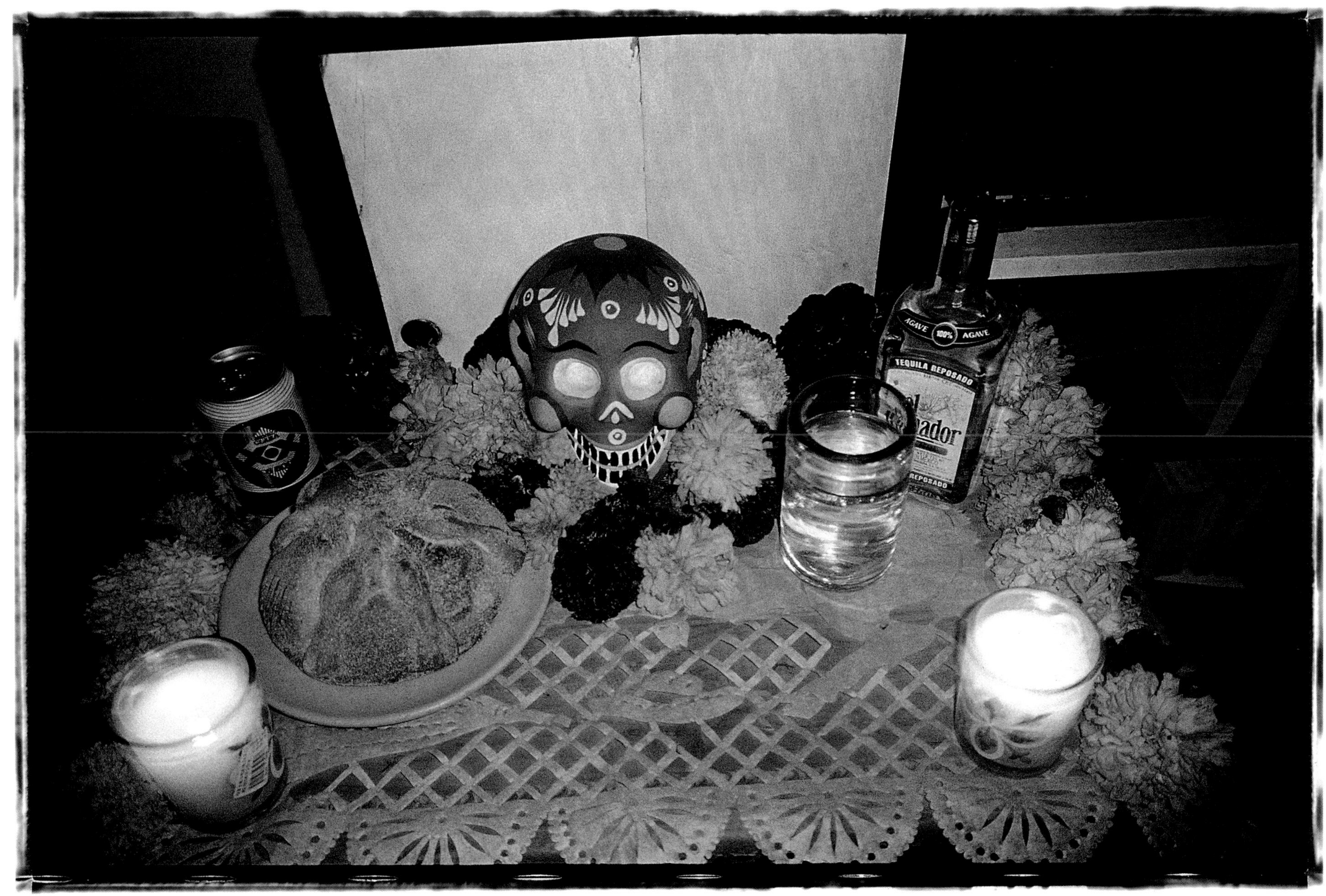

Varinia Estrada García

Altar para mi papá **Altar for my father**

Colonia Irrigación

Cuando me dijiste "monumento", pensé en el Ángel, la Diana. Pero ahora veo que los monumentos no tienen que ver con la grandeza material sino con la grandeza sentimental, con el valor que tienen para cada persona.

When you said "landmark" I thought of the Angel, the Diana. And now I've seen that monuments don't have to do with material greatness but with sentimental greatness, with the value they have for each person.

Yo creo que se deben preservar todos los lugares más simples porque ésos son los que forman un lugar importante en nuestra vida.

I think all the simplest places should be preserved because they are the ones that form an important part of our lives.

Natassja

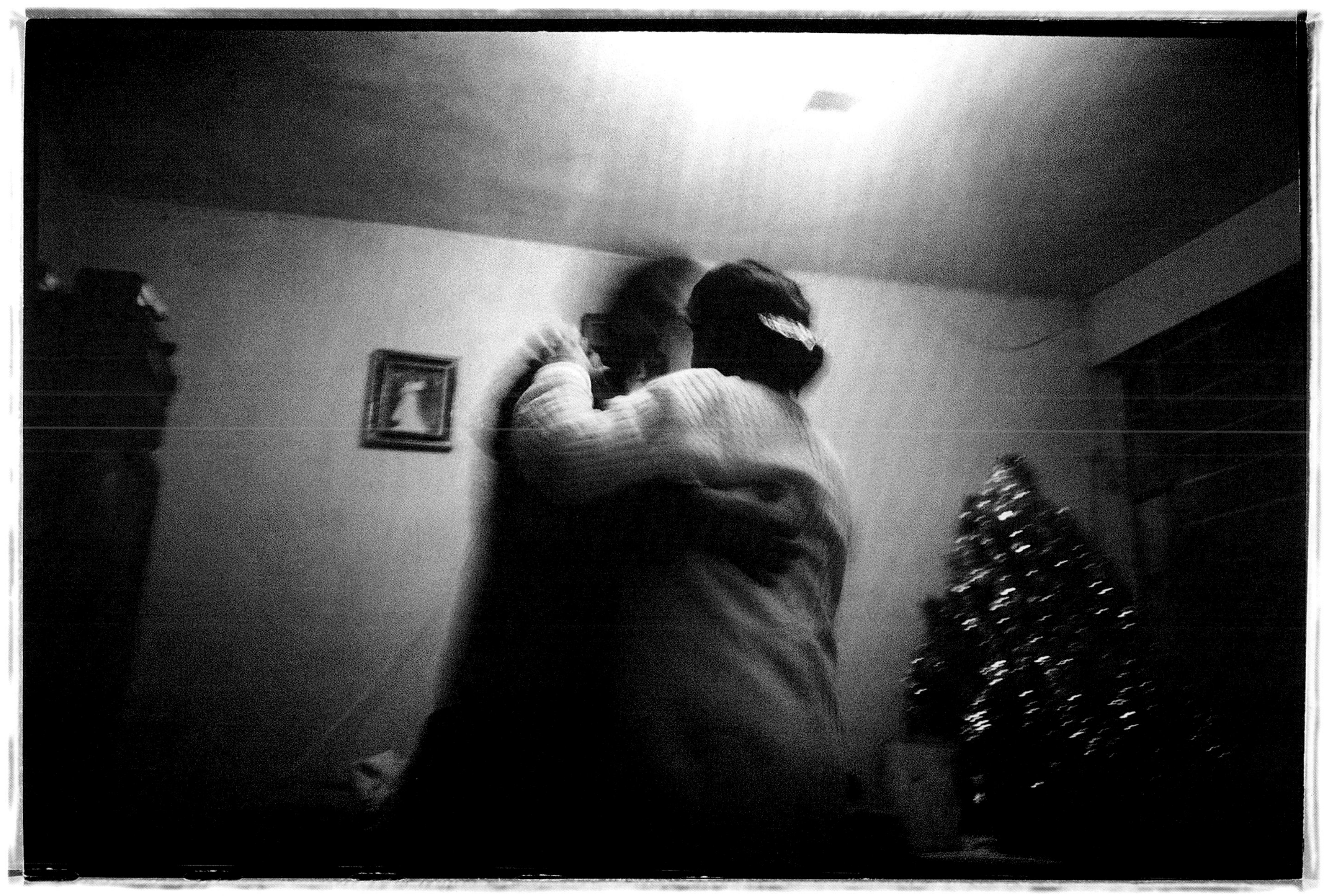

Rocío Juárez Argueta

12 de diciembre, Día de la Virgen de Guadalupe
December 12, Virgin of Guadalupe Day

Chalma de Guadalupe

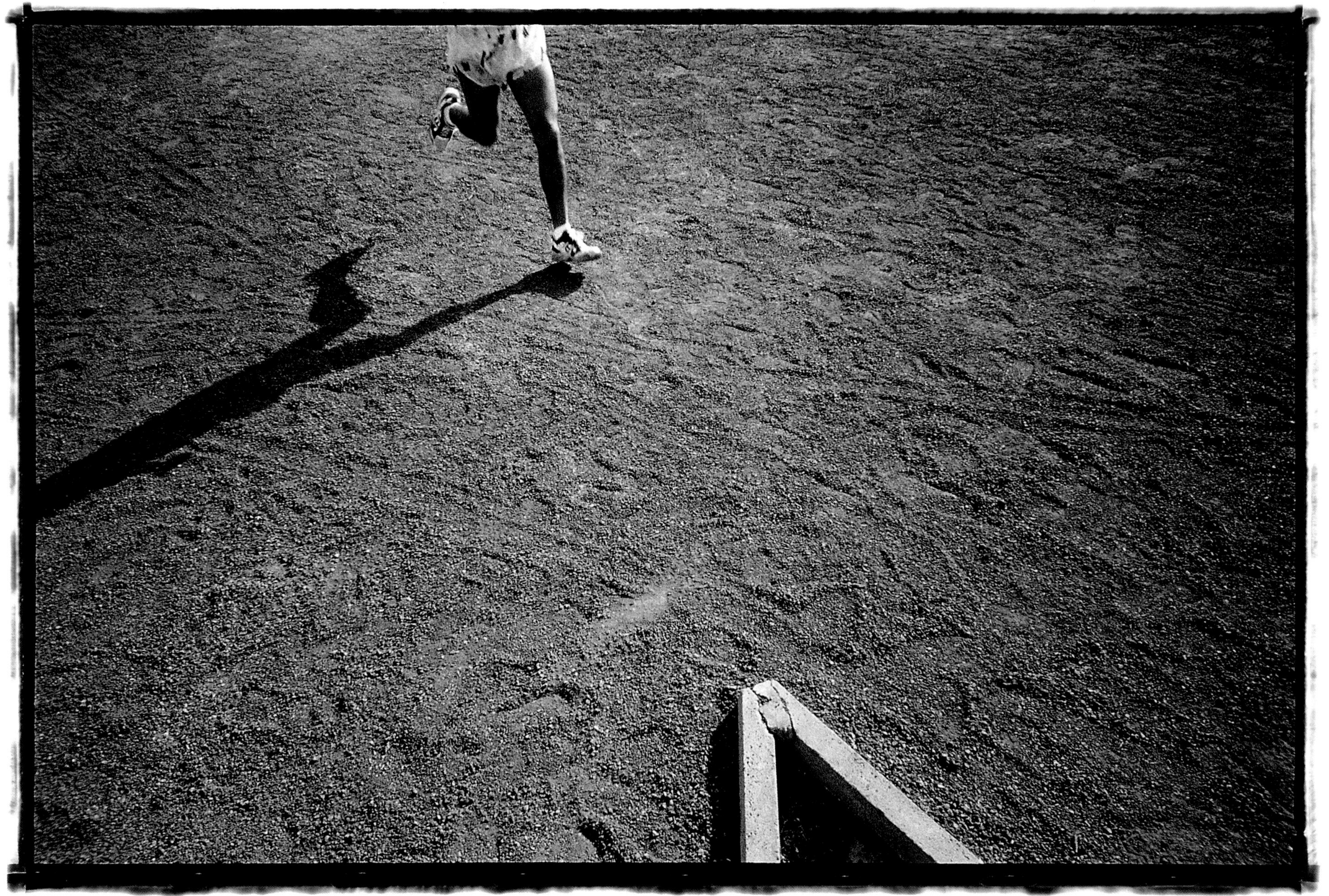

Luis Ignacio Romo Yáñez

Alameda Oriente Alameda Oriente

Ciudad Nezahualcóyotl

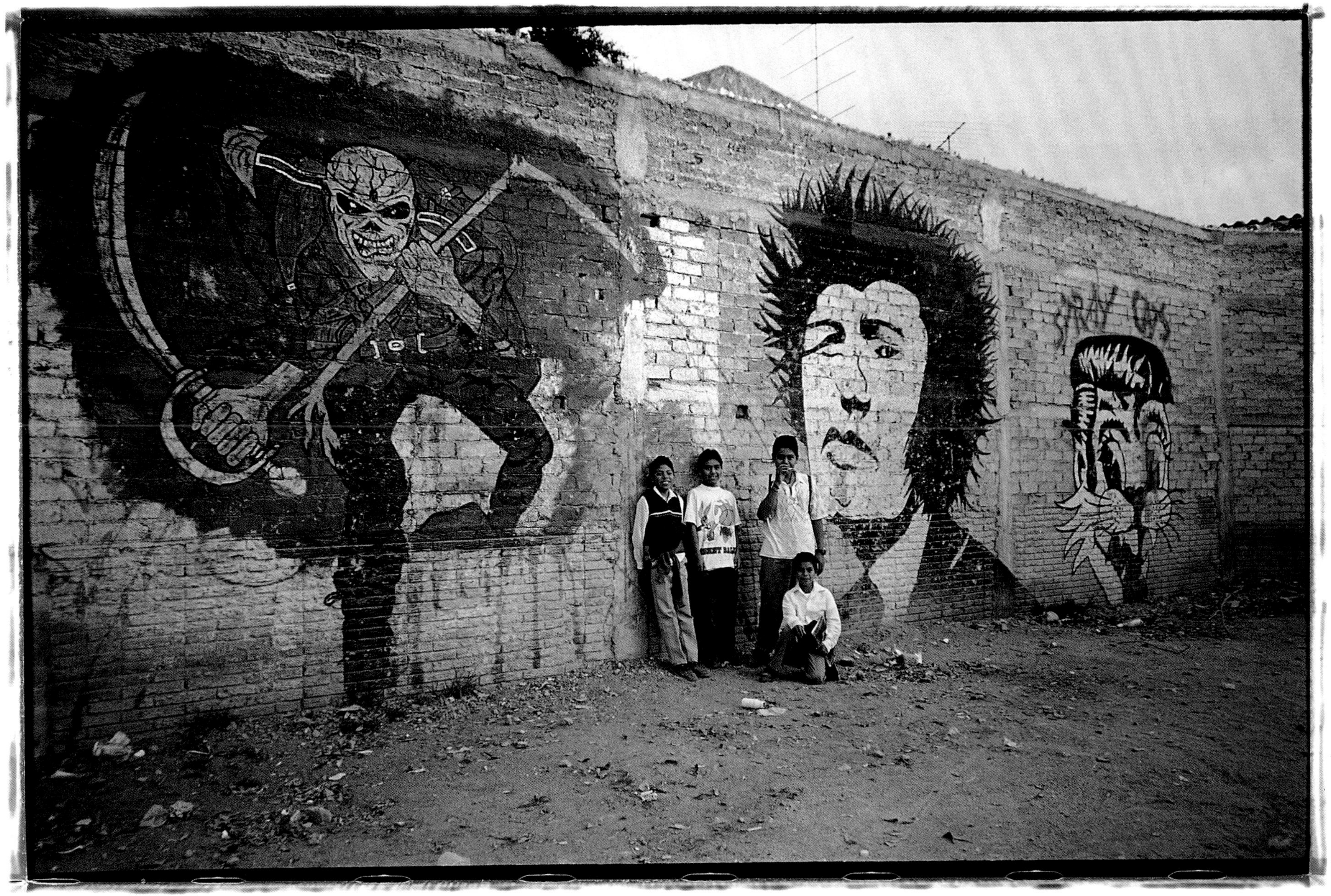

Rocío Juárez Argueta

De regreso de la escuela

On the way back from school

Cerca de la pirámide de Tenayuca

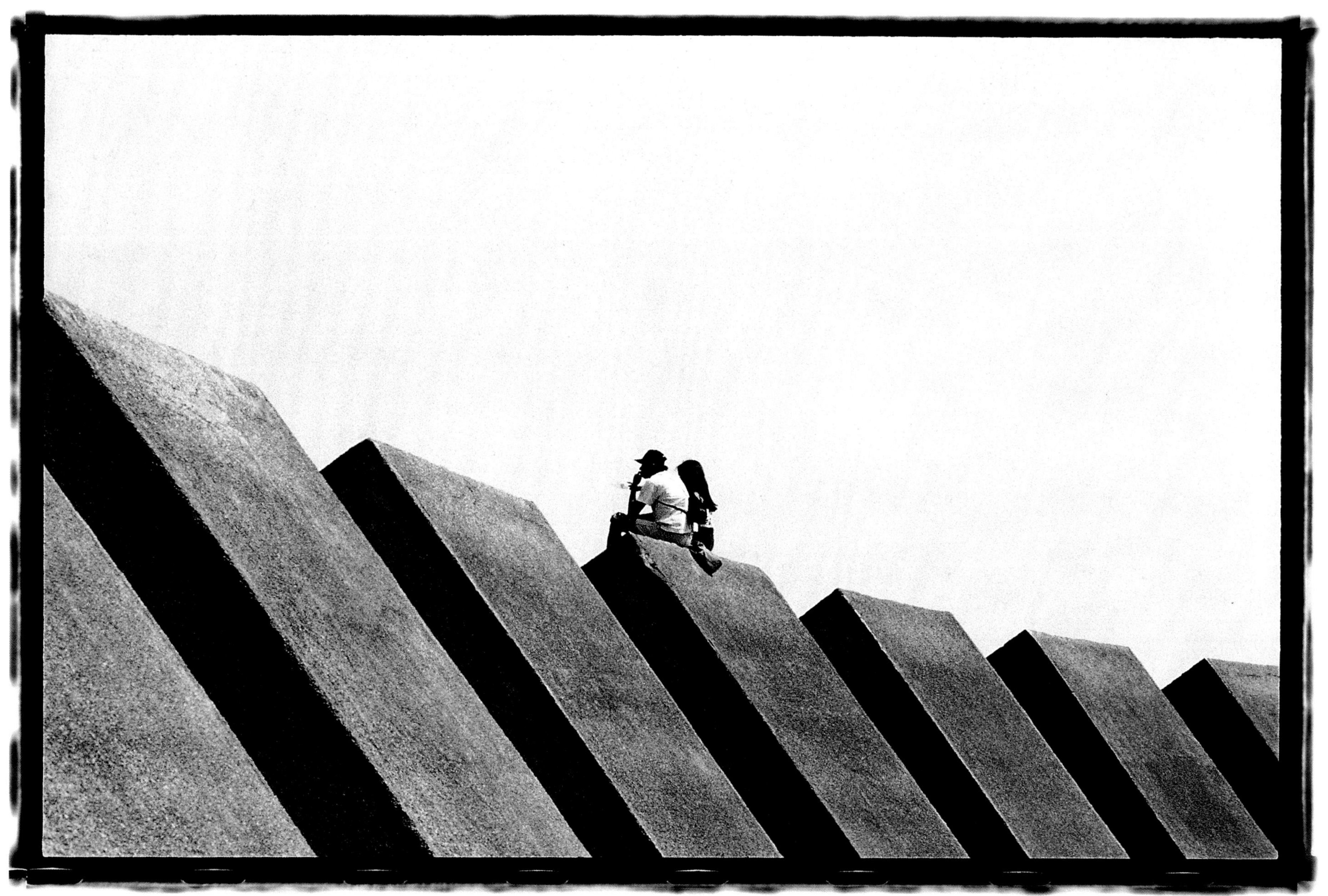

Renée Garro Wong

Espacio Escultórico Sculpture Park

Ciudad Universitaria

Rocío Juárez Argueta

Bandera nacional National flag

Zócalo

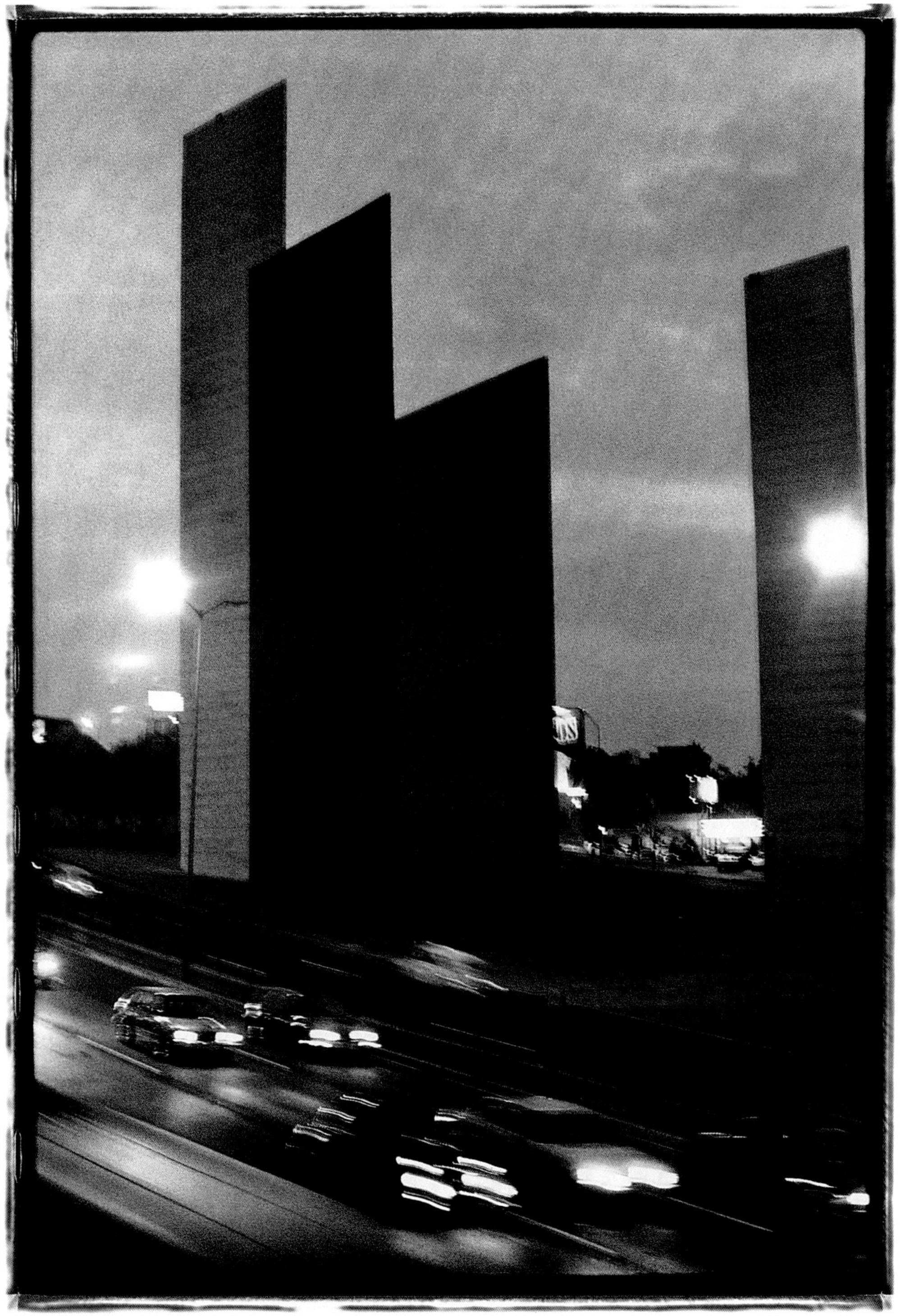

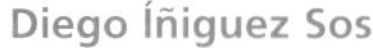

Diego Íñiguez Sosa

Torres de Satélite Satélite Towers

Ciudad Satélite

Lago de Chapultepec Lake Chapultepec

Chapultepec

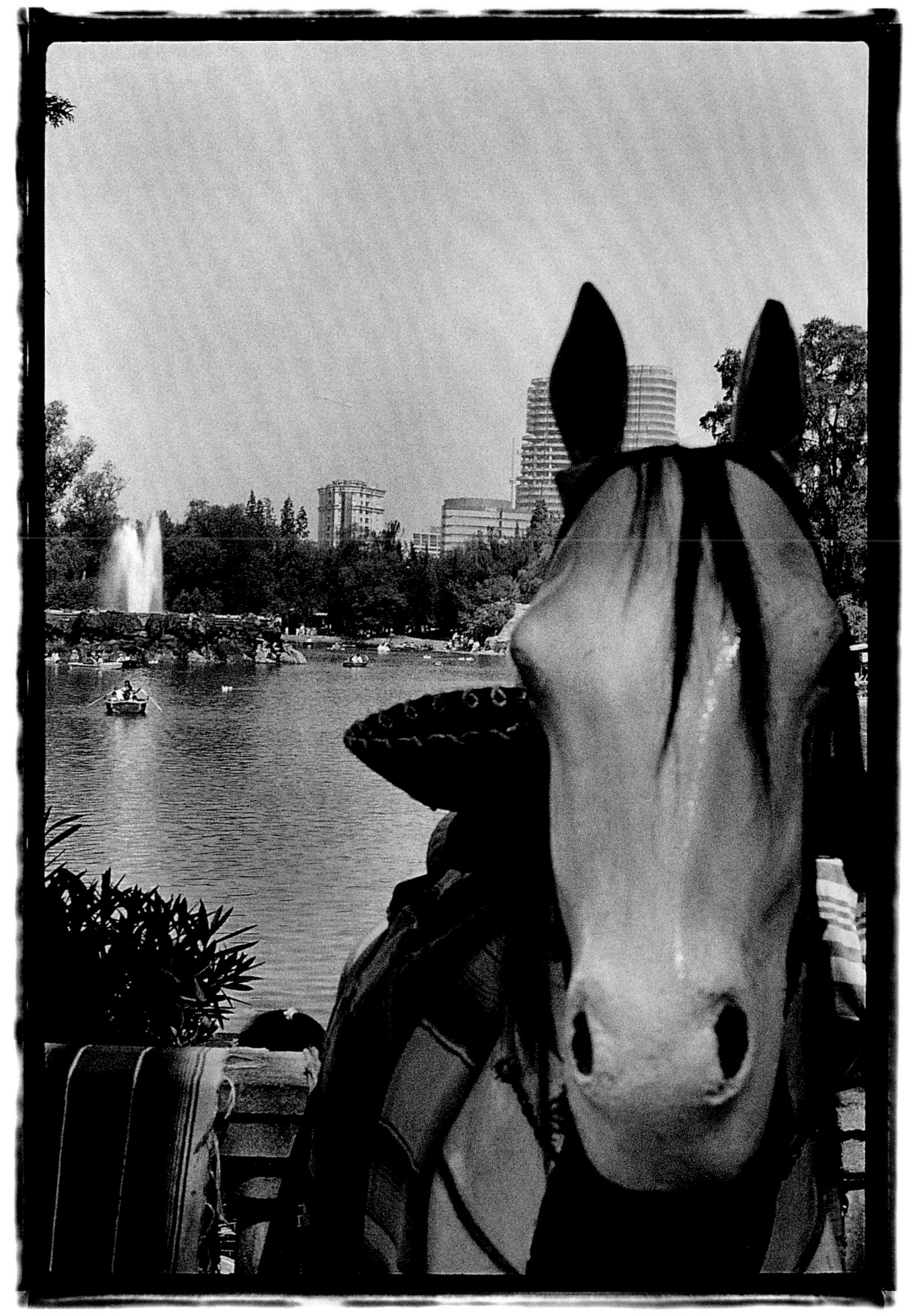

Esta foto es de la Ciudadela, es la barda que la protege para que no se meta nadie. Es importante porque protege nuestras cosas, los animales, la casa y también a nosotros, quienes vivimos aquí.

This is a photo of the Ciudadela Market; it's the wall that protects it so that no one gets in. It is important because it protects our things, the animals, our house, and us too, the people who live here.

Apolonio

Preservar es mantener, no dejar las cosas como son sino guardarlas y mejorarlas.

To preserve is to maintain, **not to leave things as they are but keep them and improve them.**

Natassja

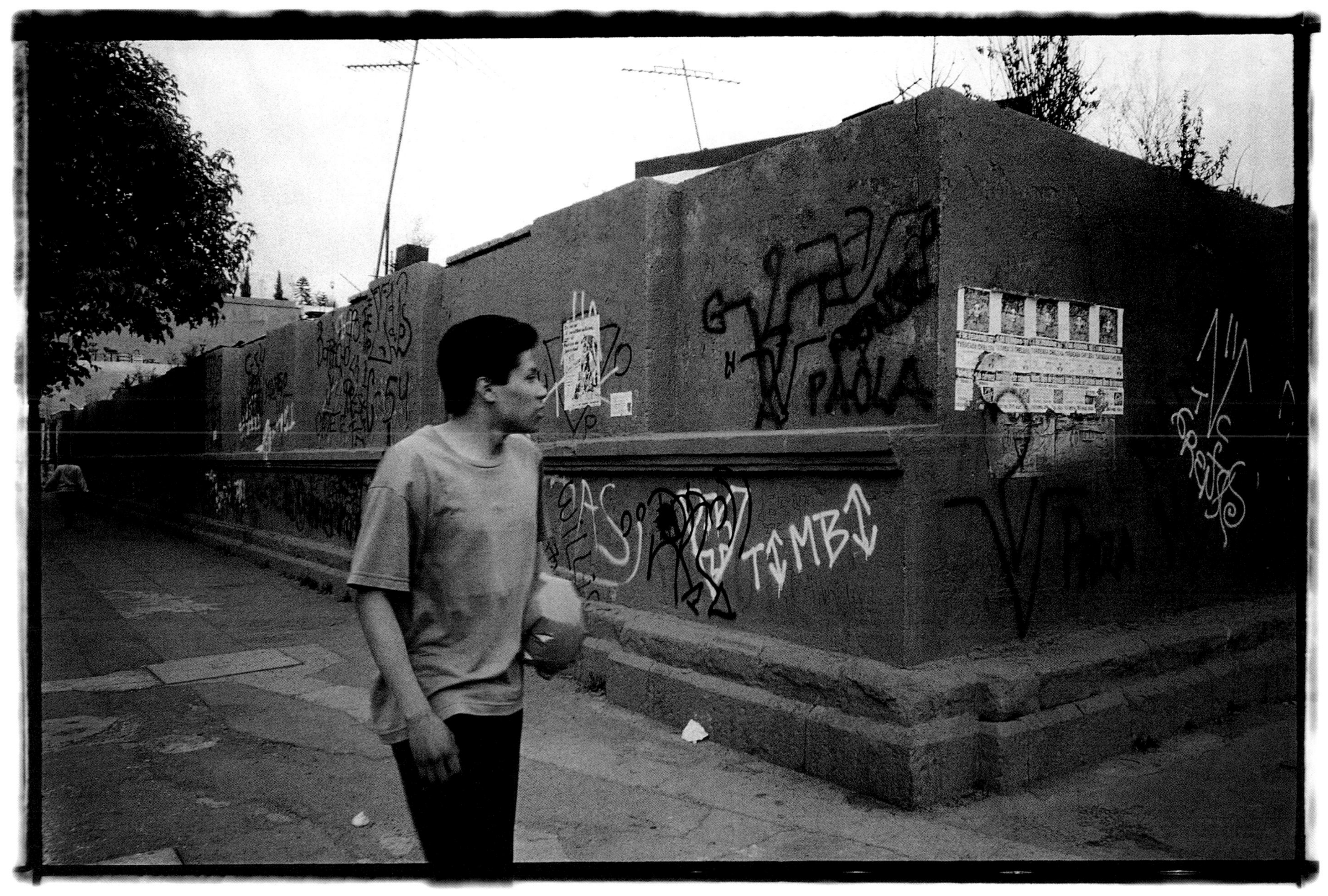

Apolonio Carrillo Carrillo

La barda del mercado The market wall

Ciudadela

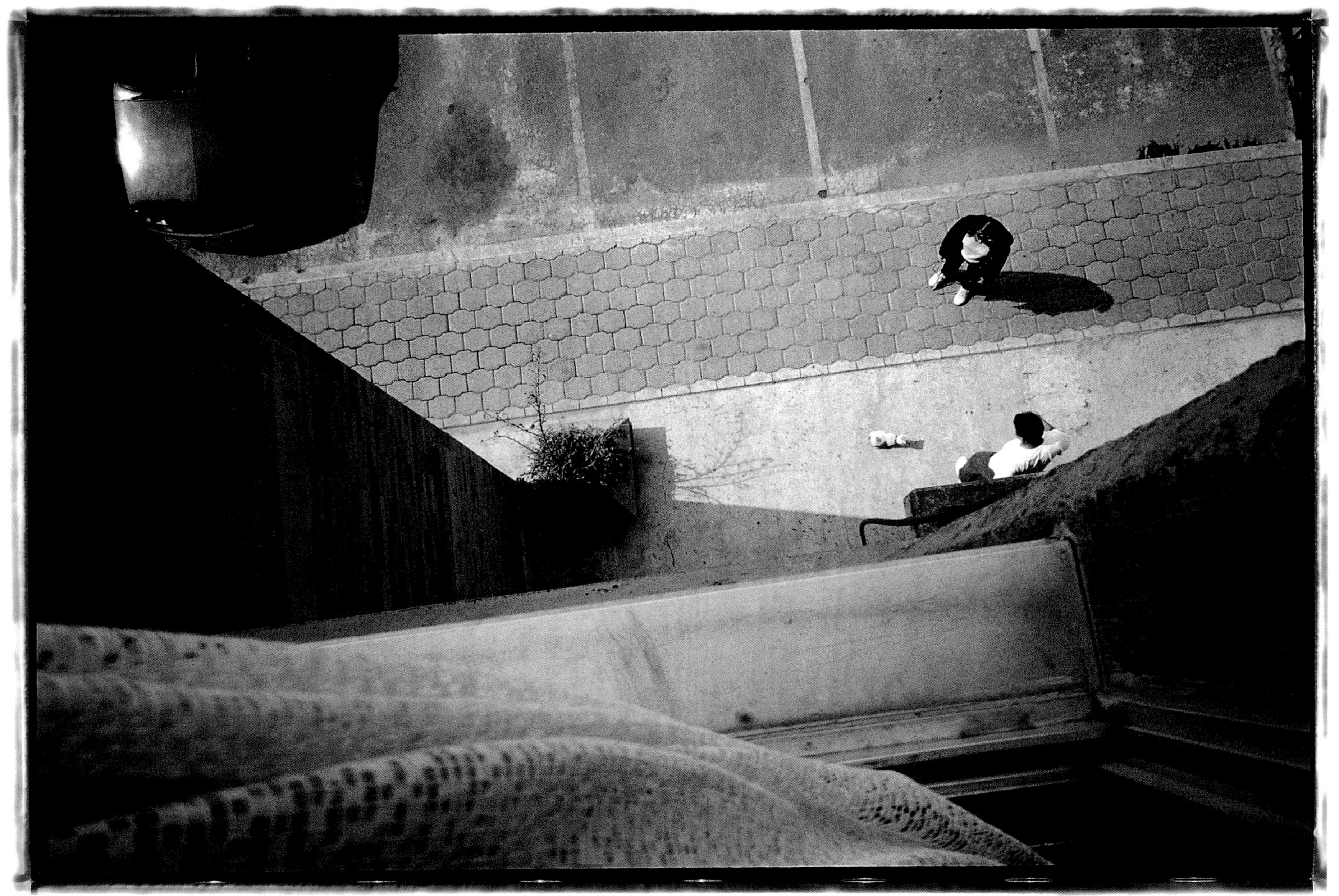

Luis Ignacio Romo Yáñez

La ventana de mi casa
The window of my house
Ciudad Nezahualcóyotl

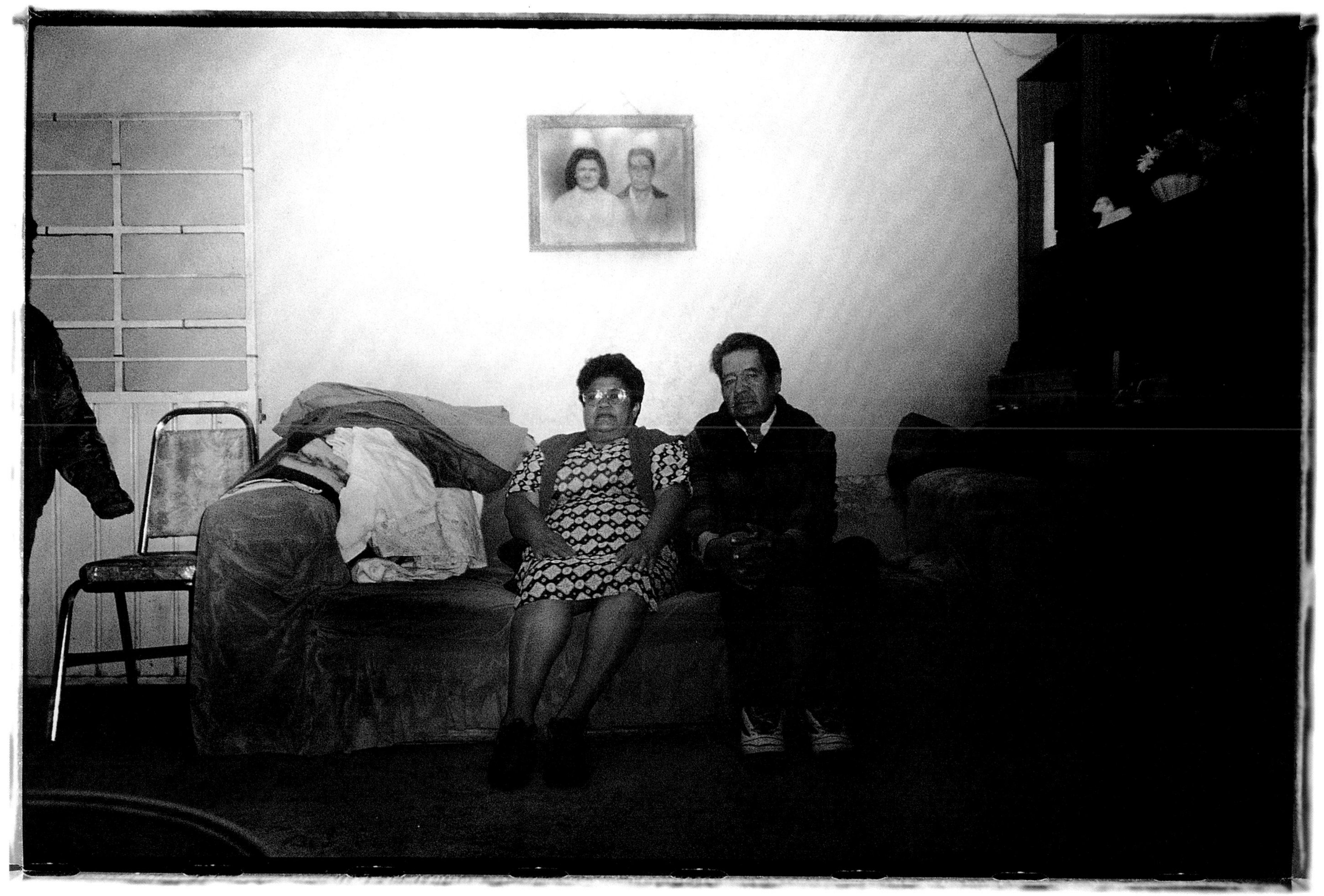

Rocío Juárez Argueta

Mis abuelos My grandparents

Chalma de Guadalupe

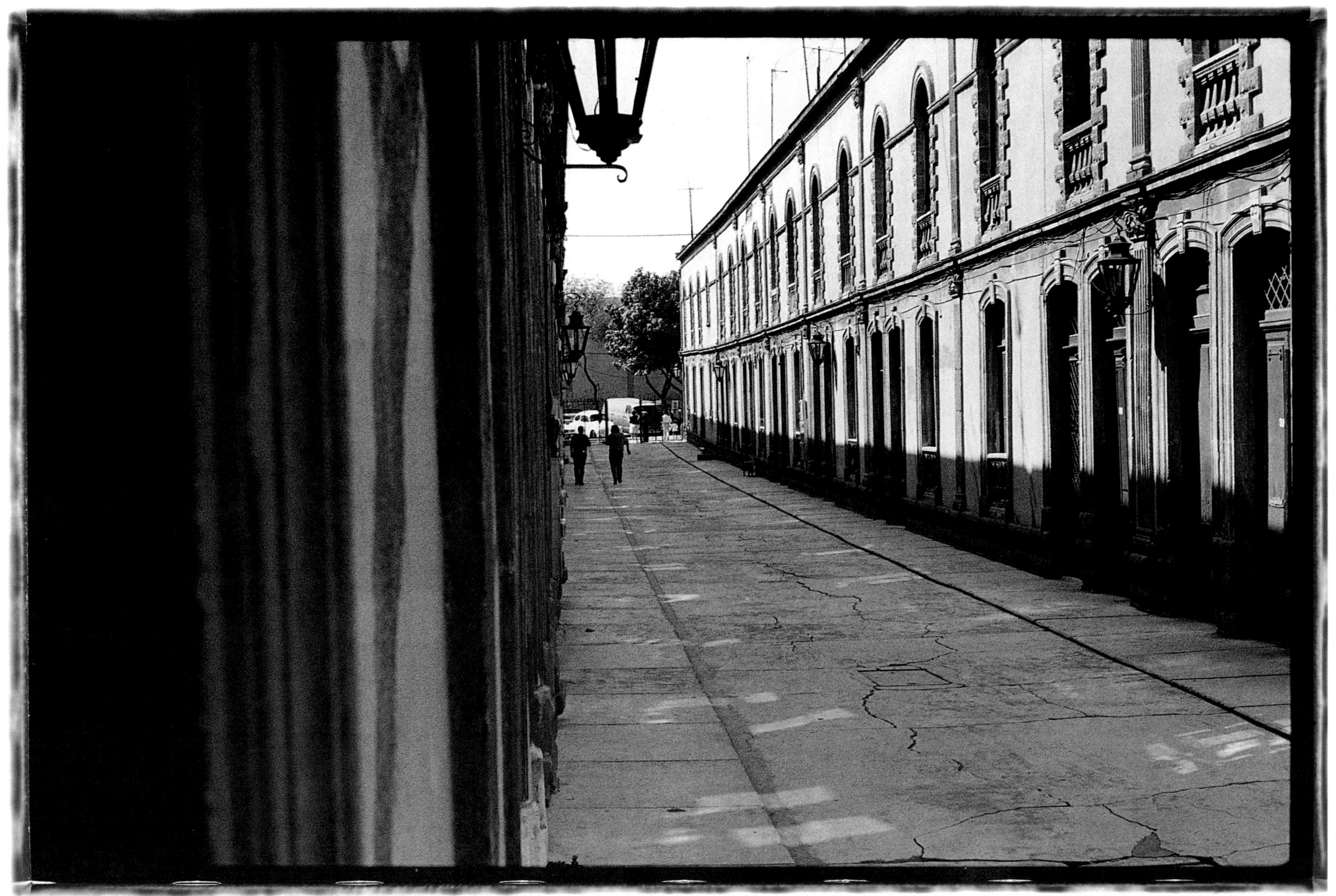

Diego Íñiguez Sosa

Privada Blanca Privada Blanca

Colonia San Rafael

Alejandra España Natera

Boleador de zapatos Shoeshiner

Centro Histórico

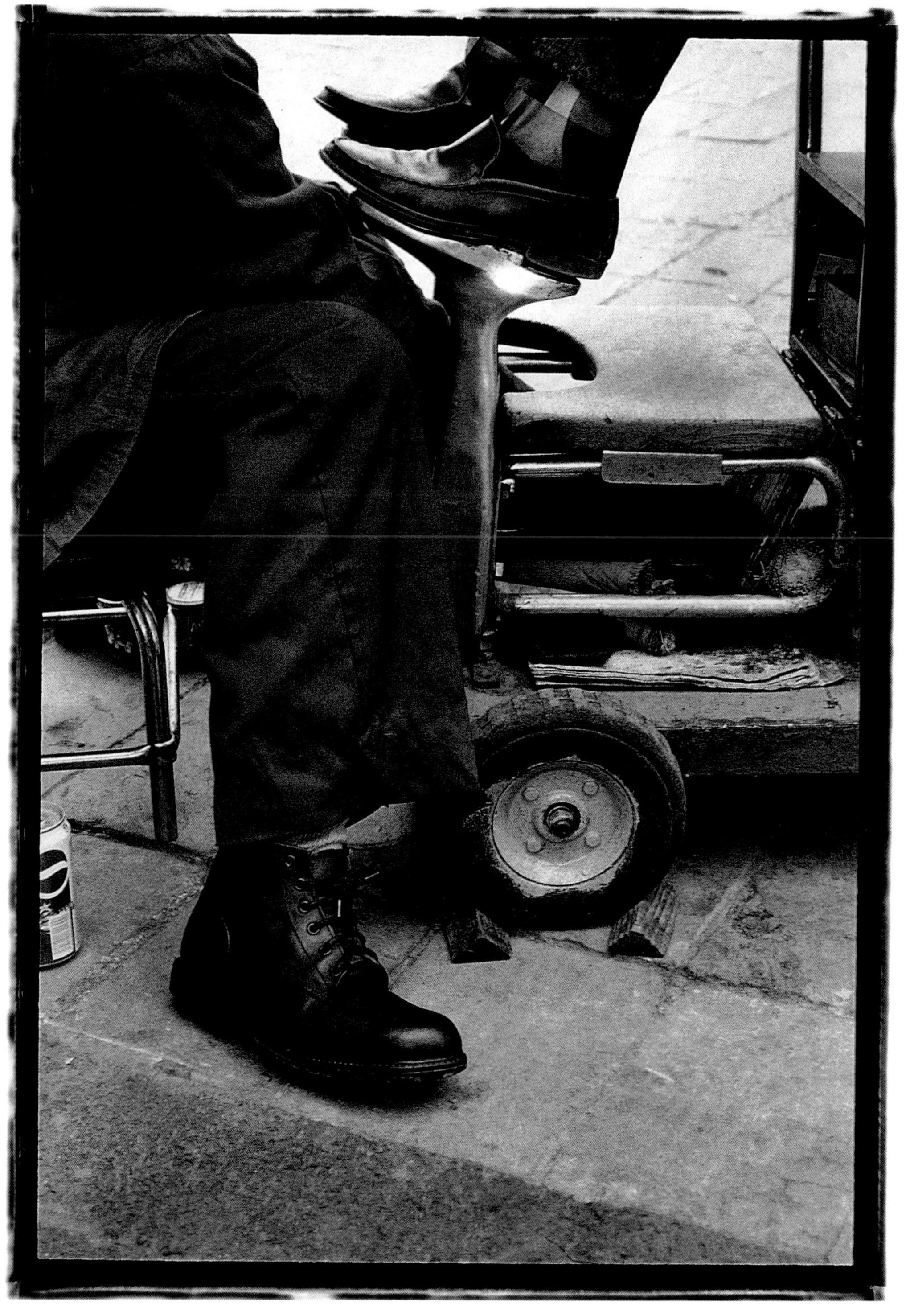

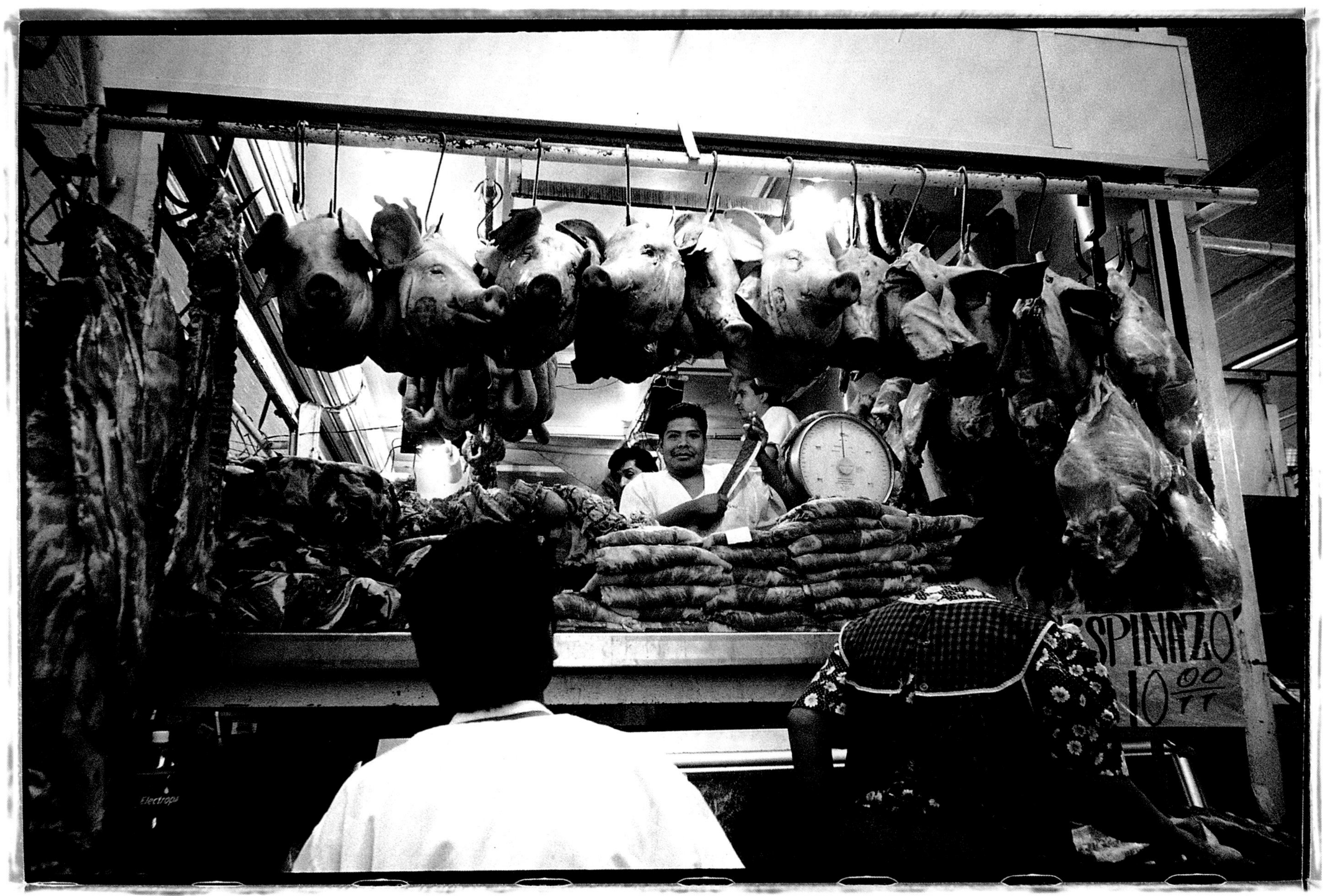

Rocío Juárez Argueta

Carnicería **Butcher's shop**

La Merced

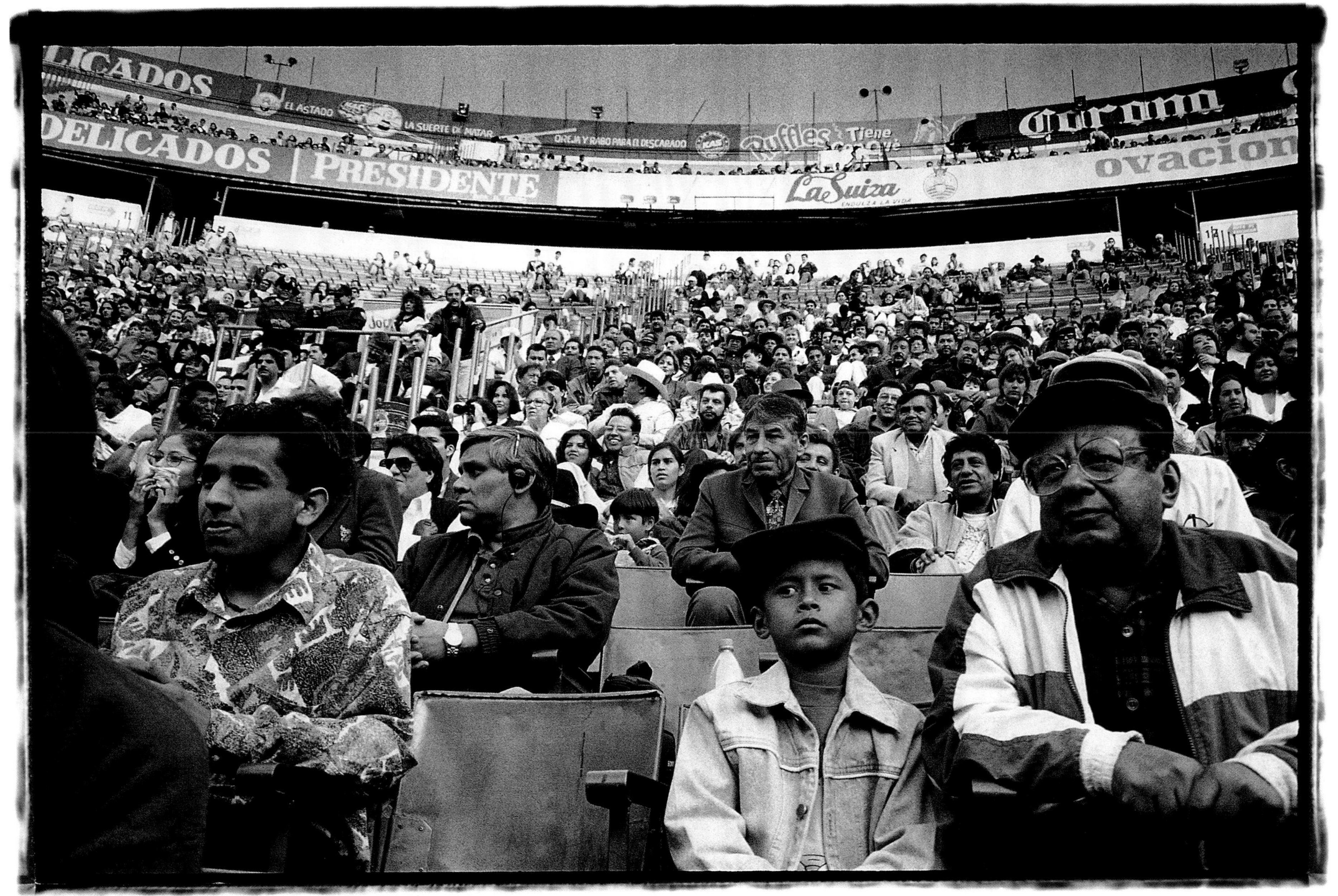

Alejandra España Natera

Plaza de Toros México Mexico Bullring

Colonia Nochebuena

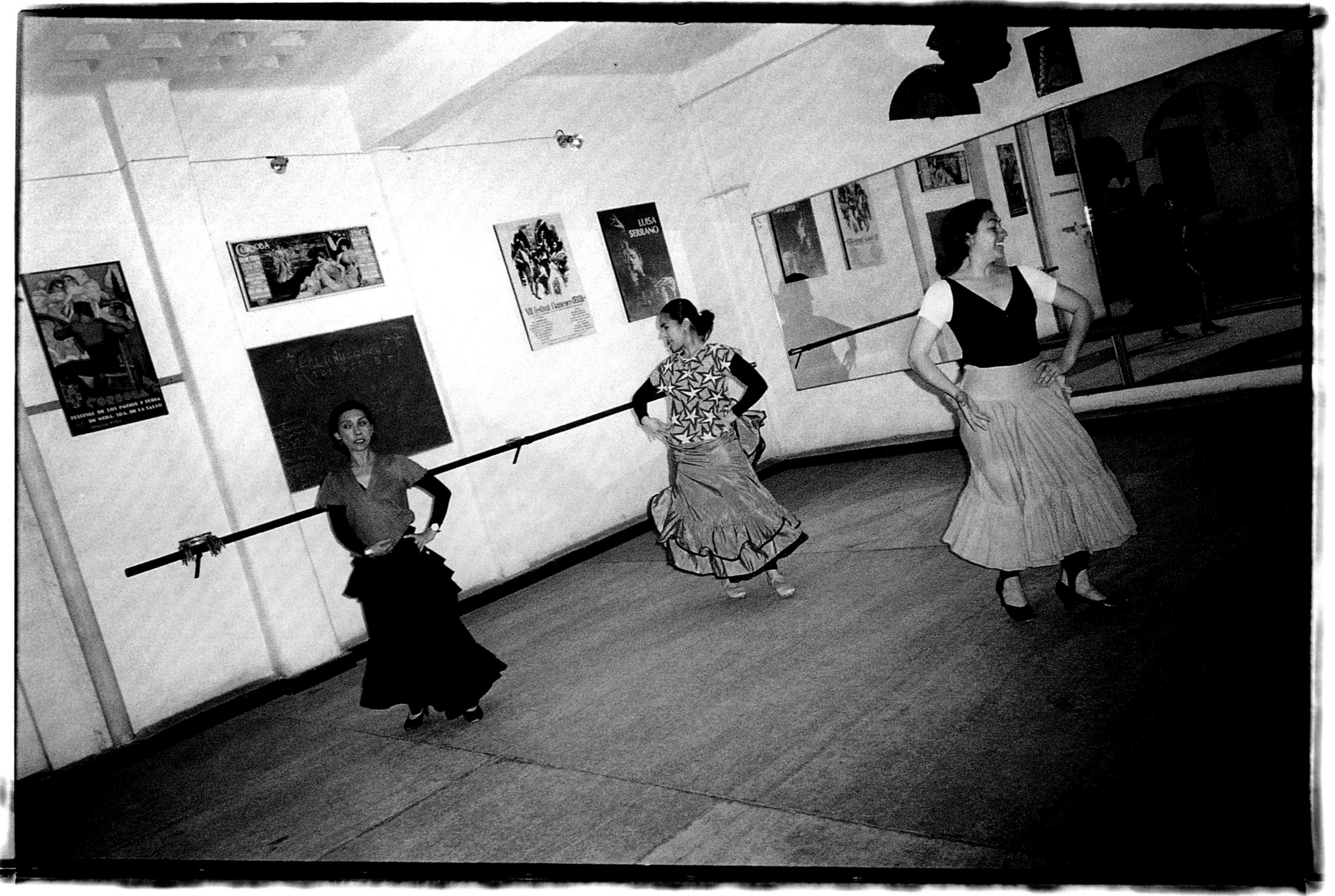

Casilda Madrazo Salinas

El Flamenco es mi vida **Flamenco is my life**

Colonia San Rafael

Para mí ha sido una experiencia muy mona. Una experiencia donde aprendes a notar lo que tomabas como completamente *x*. Me he puesto a pensar, ¿qué es importante para mí, qué es parte de mi vida? Lo que para ti es lo más común, como el camino a la escuela, hay que tomarlo como algo importante, como un monumento. Un monumento es algo en lo que nunca habías pensado, hasta que te das cuenta de que es importante.

For me it's been a really nice experience. An experience where you learn to notice things that used to seem totally zero. I've begun to think, what's important to me, what is part of my life? You start to take what for you is the most common, like the way to school, as something really important, as a landmark for you. A landmark is something that you never thought of until you realize that it's important.

Varinia

Si el teatro deja de existir, yo también dejo de existir… Me muero.

If the theater ceased to exist, I too would cease to exist…I'd die.

Se debería preservar a los amigos …, la comida también, en el refrigerador… mi teatrito, mi hermano, mi mamá, mi papá, mi abuelita, mis tíos, mis primas, mis primos, mi escuela, mis estudios, mi infancia.

Friends should be preserved…food too, in the refrigerator…my little theater, my brother, my mom, my dad, my grandmother, my cousins, my school, my homework, my childhood.

Rodrigo

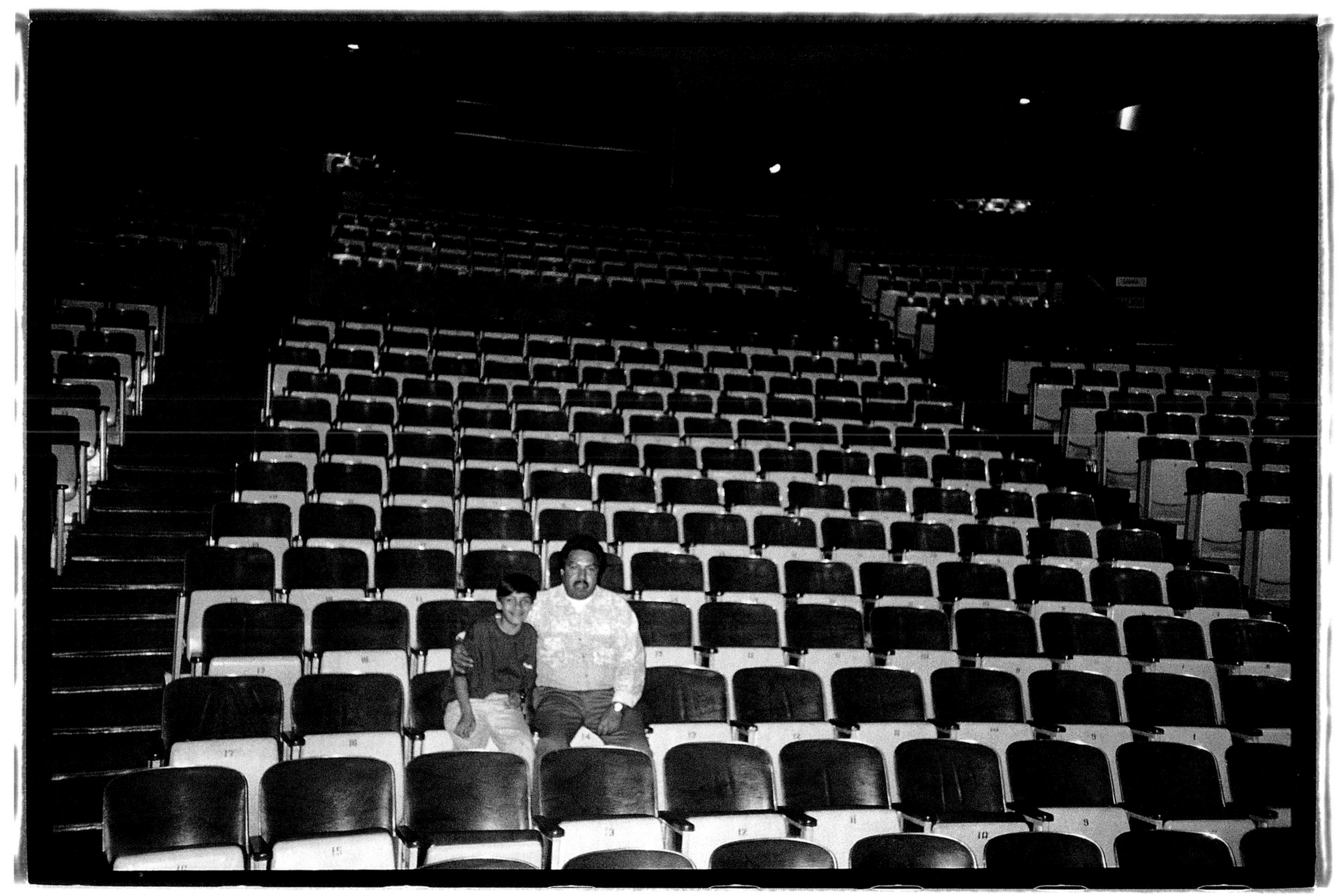

Rodrigo Vargas García

Teatro Tepeyac Tepeyac Theater

La Villa

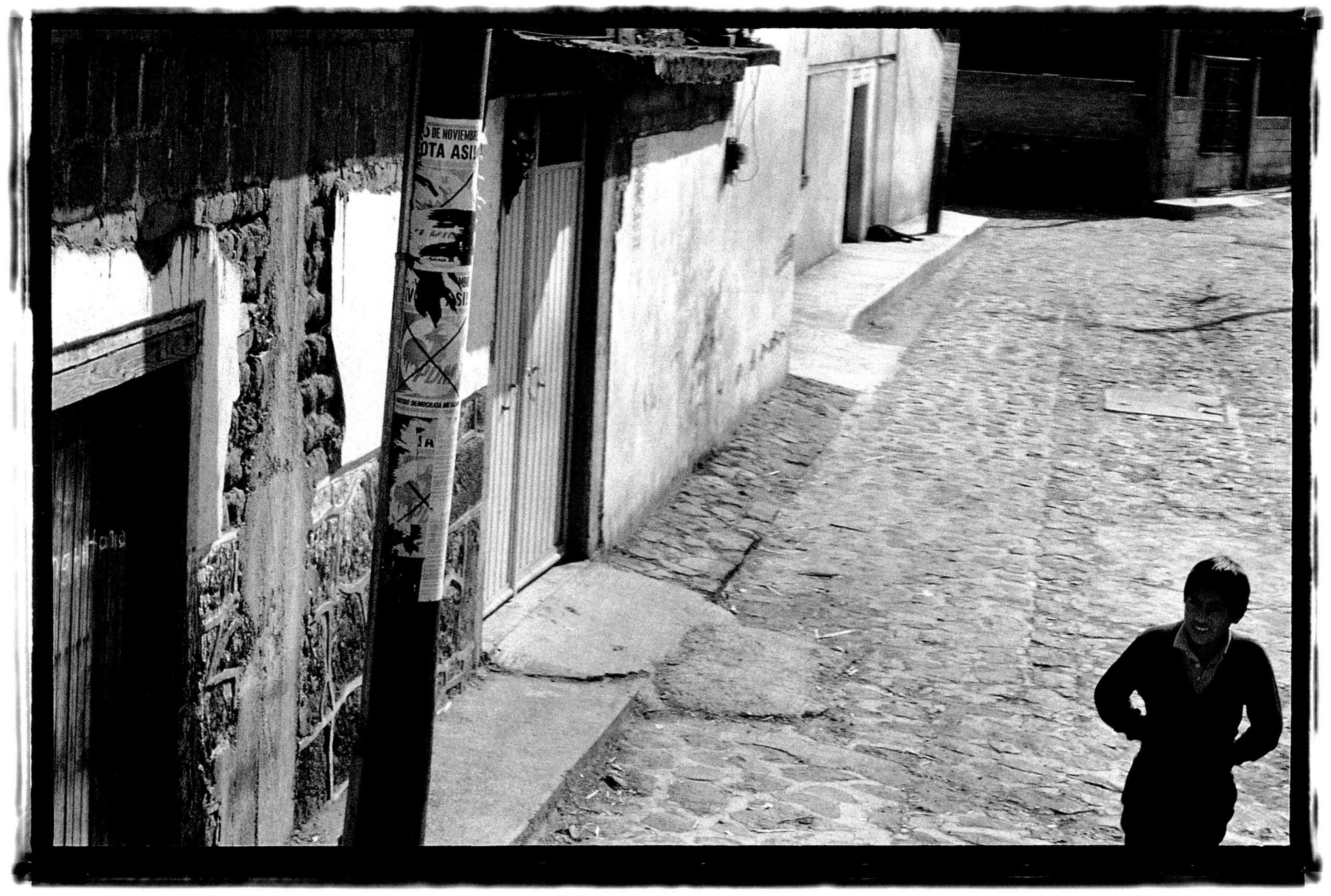

Varinia Estrada García

Cerca de la Plaza Coyoacán

Near Coyoacán Square

Colonia Coyoacán

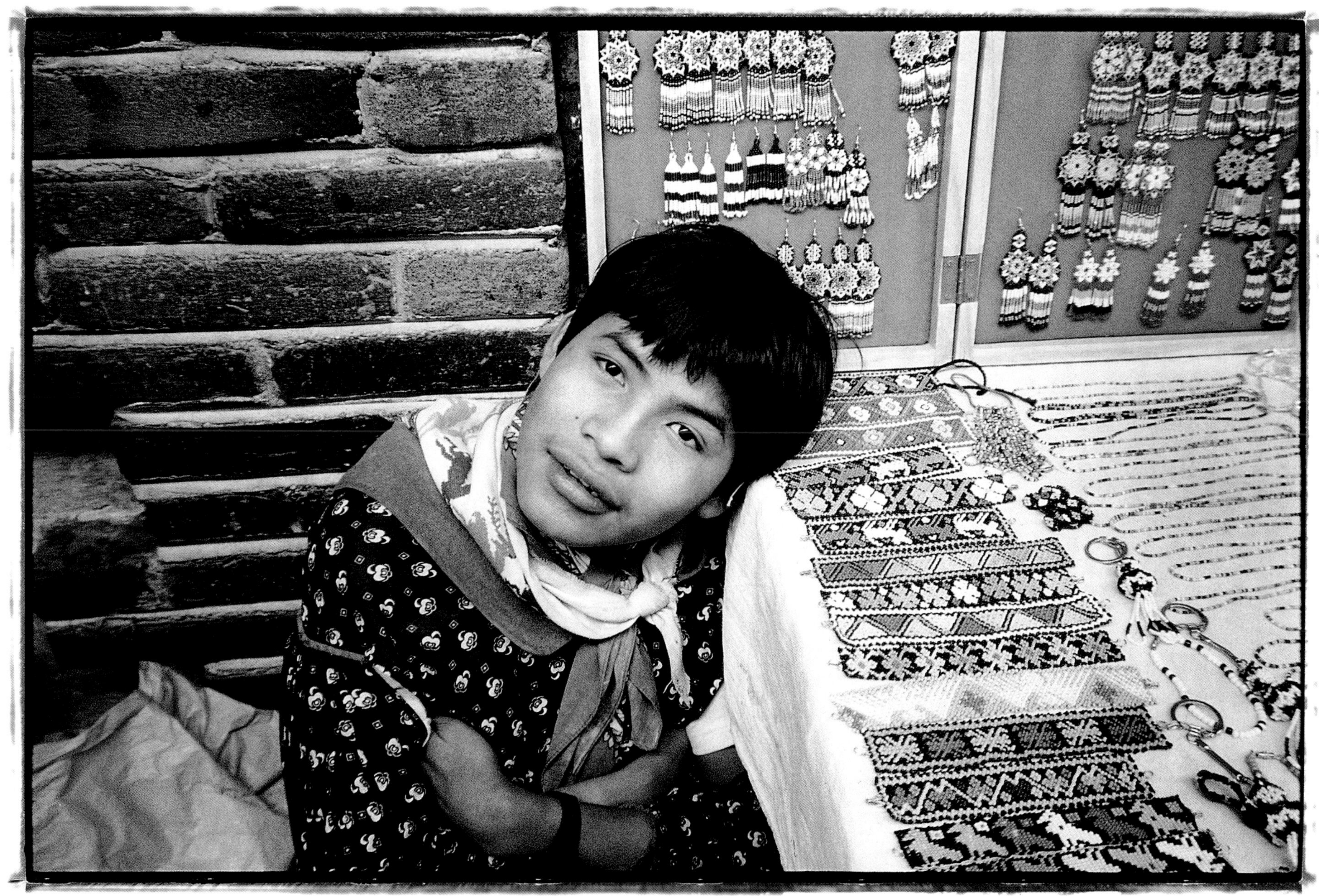

Apolonio Carrillo Carrillo

Mi puesto My stall

Ciudadela

El bosque es como mi casa en Jalisco, y por eso me gusta, porque los árboles están vivos como nosotros. El bosque, la tierra, la casa, el cielo también son monumentos.

The forest is like my home in Jalisco, that's why I like it, because the trees are alive just like us. The forest, the earth, one's home, the sky are also landmarks.

Apolonio

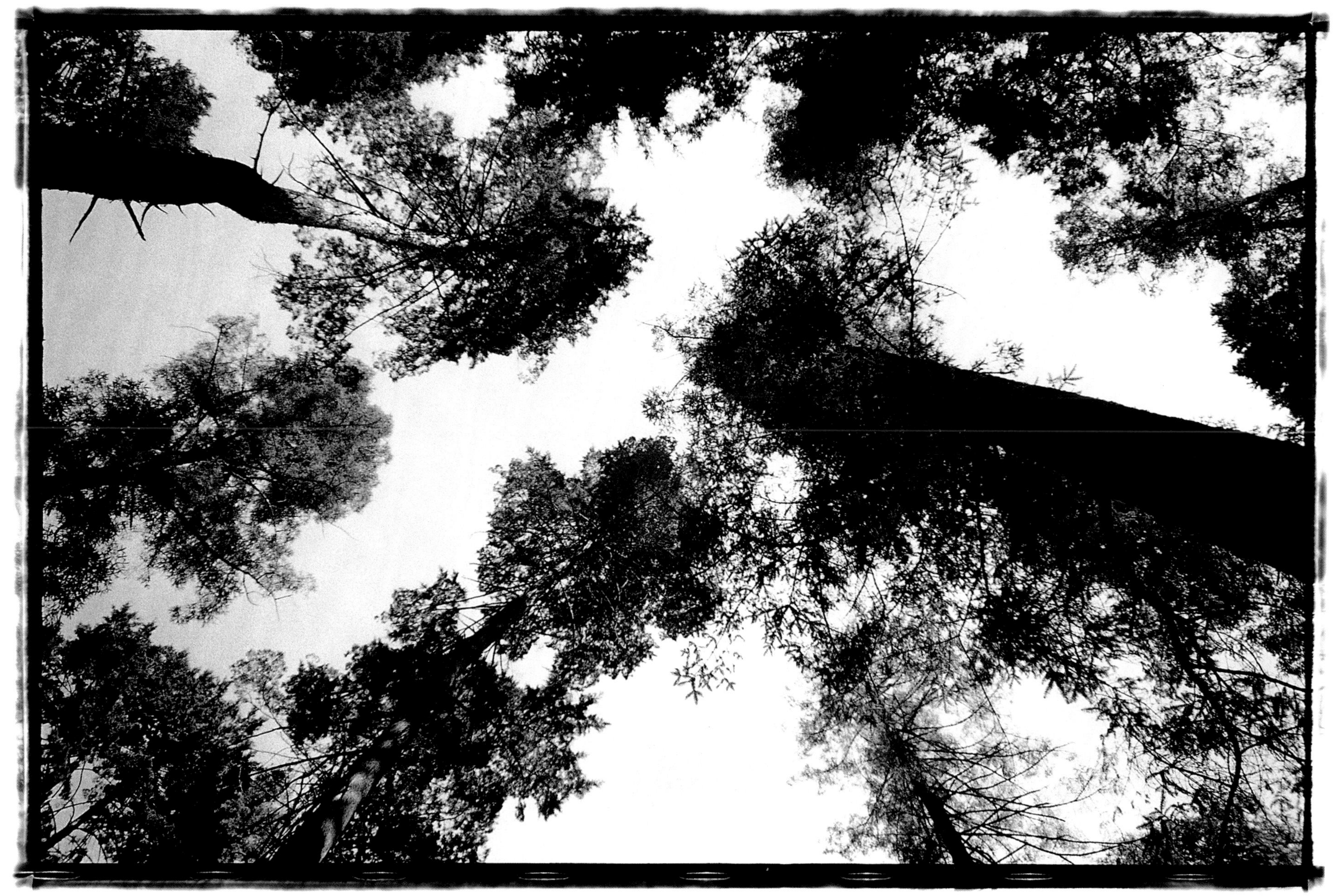

Apolonio Carrillo Carrillo

Están vivos como nosotros Alive like us

Desierto de los Leones

Solía pensar que un monumento era algo muerto, como los restos de una guerra o de una civilización antigua. Para mí era un lugar que no entendía, que no hablaba mi lenguaje. Un monumento ahora representa para mí algo importante, un lugar o un evento en mi pasado que afecta mi forma de vida. Me hace la persona que soy en este momento.

I used to think that a monument was something dead, like the remains of a war or an ancient civilization. For me it was a place I didn't understand, that didn't speak my language. Now, to me, a monument means something that's important, a place or an event in my past that affects my way of life. **It makes me the person I am at this moment.**

Renée

Que cambian las cosas, seguro que cambian, porque el futuro constantemente está cambiando. Pero todo tiene su pasado, del que se tiene que guardar un pedacito chiquito.

Sure, things change because the future is constantly changing. But everything has a past, of which a little tiny bit has to be kept.

Alejandra

Teotihuacán es una historia que hicieron antes de nosotros.

Teotihuacán is a history that was made before us.

Apolonio

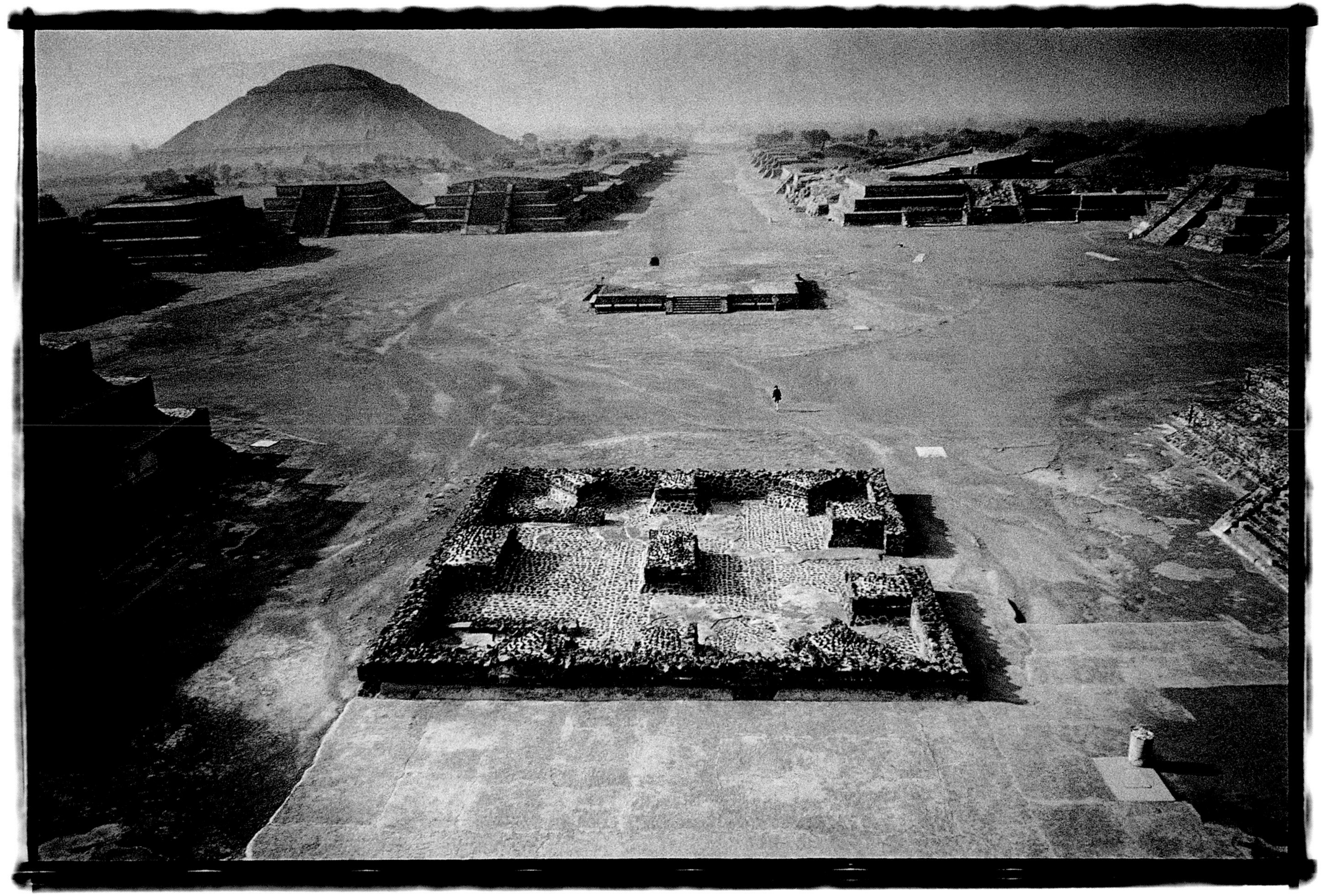

Varinia Estrada García

Vista desde la pirámide de la Luna

View from the Pyramid of the Moon

Teotihuacán

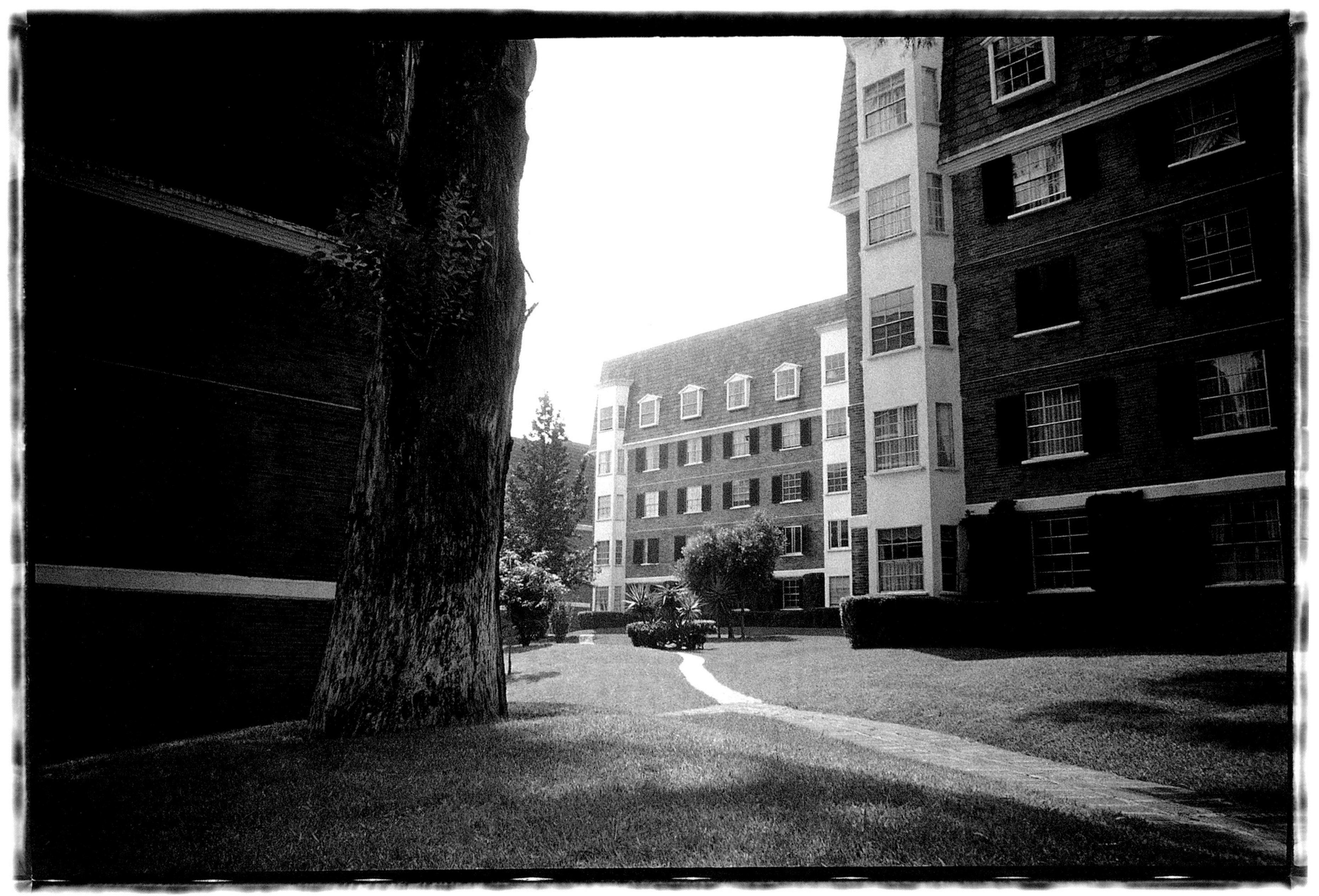

Alejandra España Natera

Mi casa My home

Pedregal II, Santa Teresa

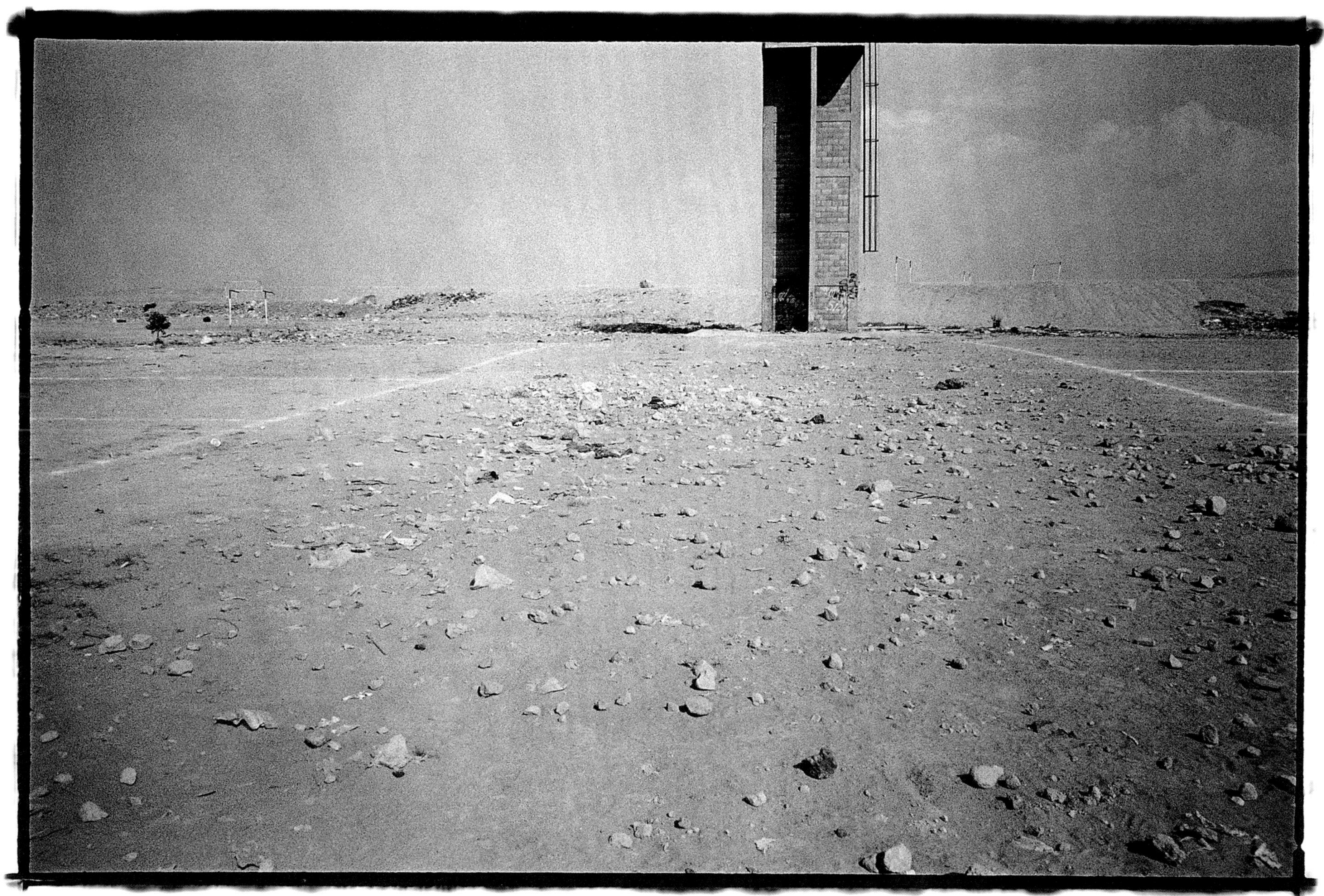

Luis Ignacio Romo Yáñez

Centro deportivo Sports center

Ciudad Nezahualcóyotl

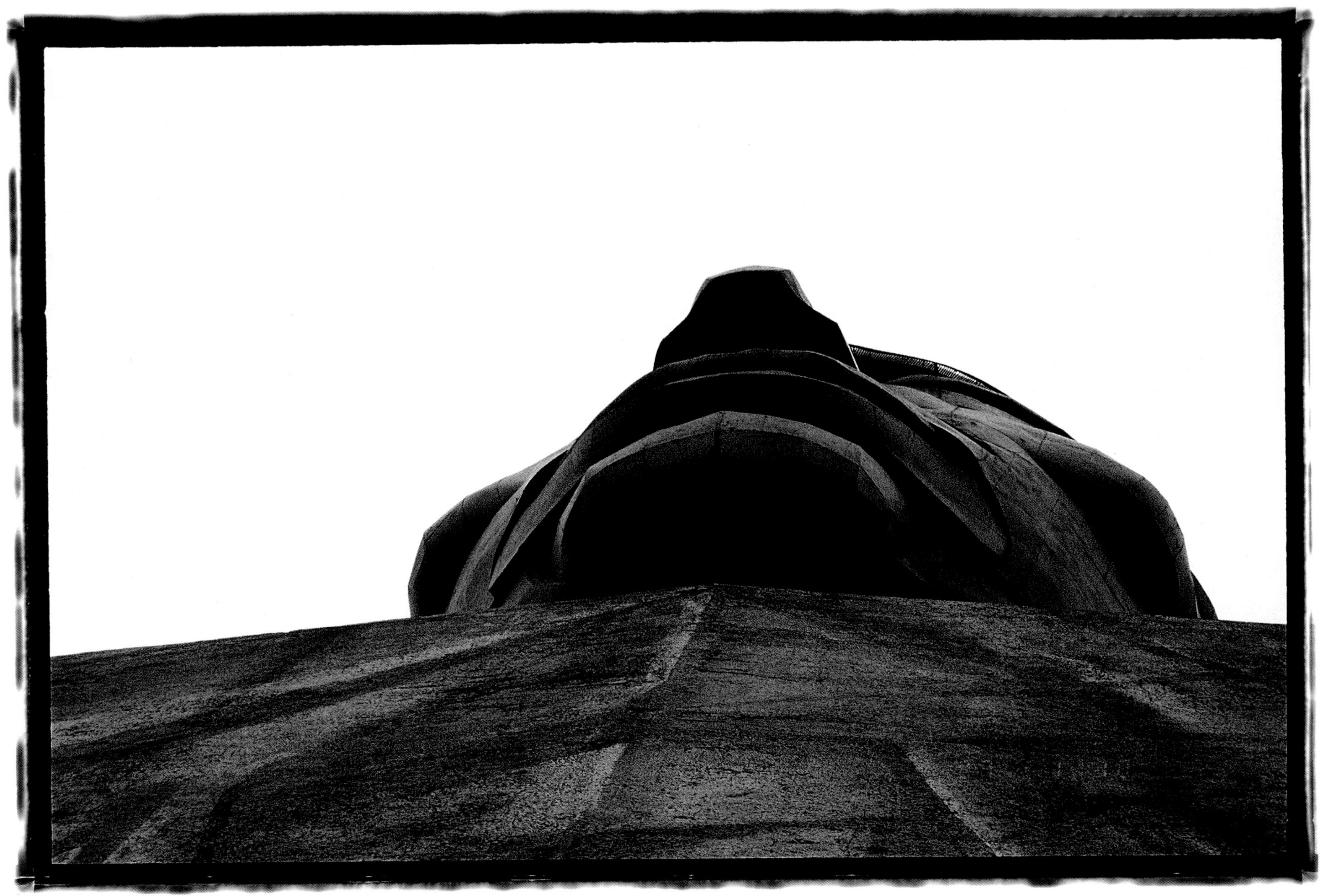

Luis Ignacio Romo Yáñez

Cabeza de Juárez Juárez's head

Ciudad Nezahualcóyotl

Cuando veo la cabeza de Juárez, sé que estoy a un paso de mi casa. Lleva bastante tiempo aquí. Está bastante descuidada, no obstante que a un lado está la jefatura de la policía judicial. No le ponen la atención ni el cuidado necesarios.

When I see Juárez's head I know I'm almost home. It's been here for a long time. It's pretty neglected, even though the police headquarters are next door. They don't give it the attention or the care it needs.

Luis Ignacio

Para mí un monumento es algo que te marca, que está ahí y no puedes hacer nada para quitarlo.

For me a landmark is something that leaves a stamp on you; it's there and there's no way to get rid of it.

A diario paso por las Torres de Satélite, desde que voy a la escuela. Están ahí desde antes de que yo estuviera y seguirán ahí. Si algún día ya no estuvieran me sentiría raro, faltaría algo.

I go past Satélite Towers every day, ever since I started school. They were there before me and they'll stay on. If they weren't there one day, I'd feel strange, something would be missing.

Diego

Si no preservamos, no vamos a estar preservados.

If we don't preserve we won't be preserved.

Natassja

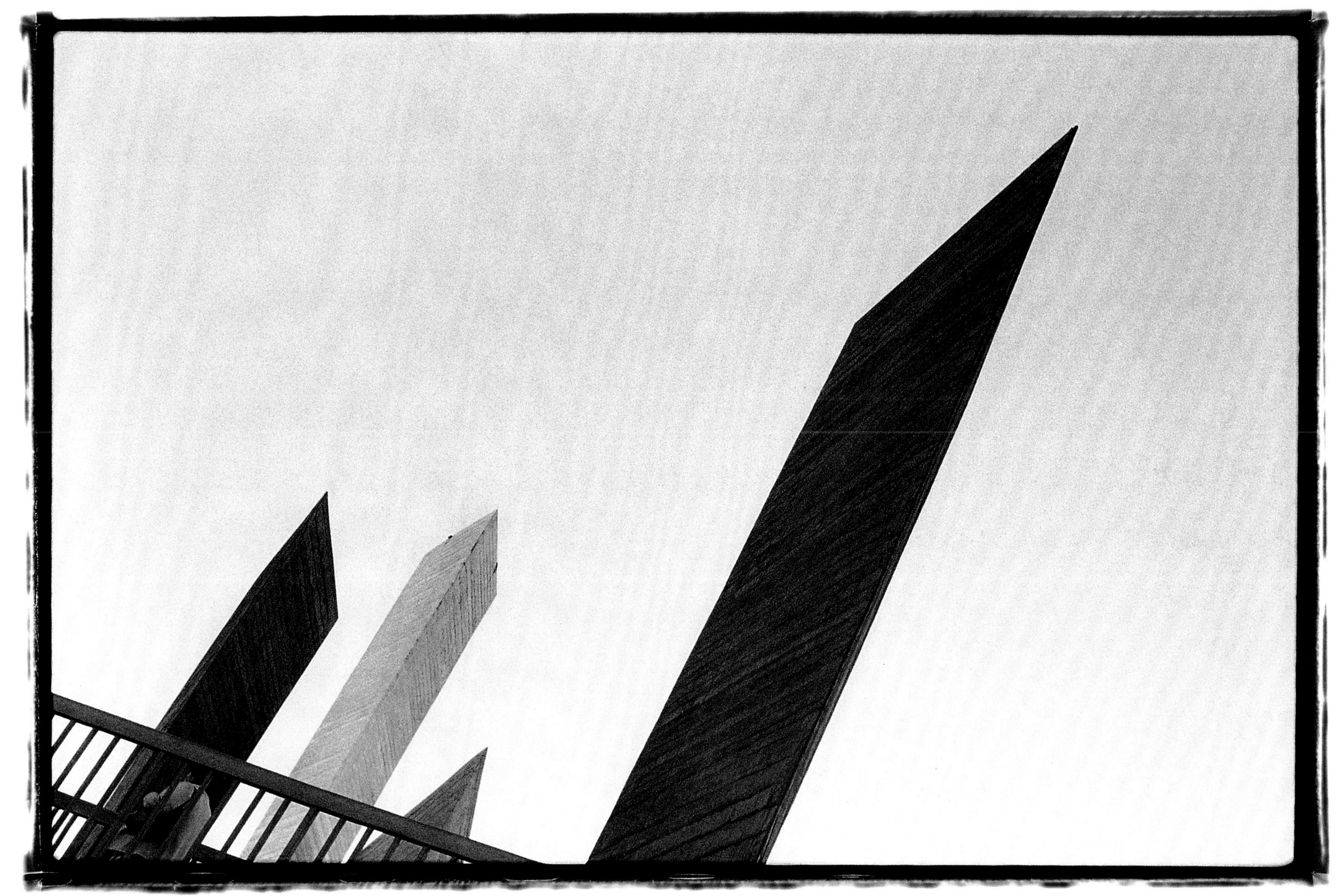

Diego Íñiguez Sosa

Puente peatonal Footbridge

Ciudad Satélite

Saco fotos por si algún día se derrumba todo. Así, un hijo o alguien de mi familia podrá ver lo que me gustaba.

I take photos just in case everything falls down someday. That way my child or someone in my family can see what I used to like.

Éstas son casas antiguas. Algunos de los habitantes se han muerto y otros todavía viven.

Me gustan mucho las casas que parecen antiguas porque aprendes muchas cosas de ellas.

These are old houses. Some of the inhabitants have died and others are still alive. I like houses that look old because **you learn many things from them.**

Apolonio

A los amigos los conservas queriéndolos; a los lugares, recordándolos.

You keep friends by loving them, and places by remembering them.

Rodrigo

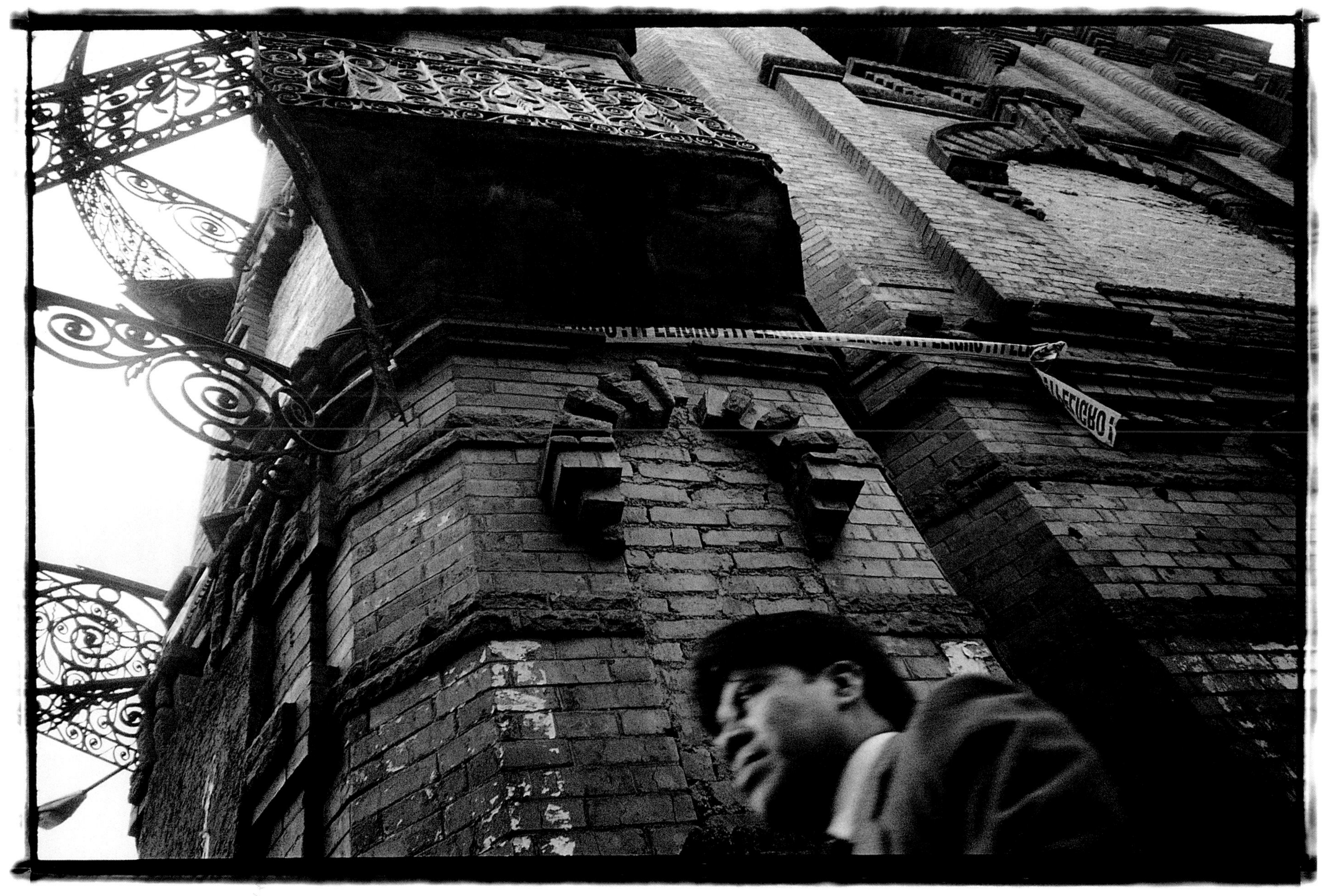

Apolonio Carrillo Carrillo

Casa abandonada Abandoned house

Colonia Juárez

El letrero de Corona es un monumento para mí porque siempre ha estado ahí. Cuando hay mucho aire se caen todos los anuncios menos ése. Ese anuncio tiene unos diez años ahí fácil, es parte del Periférico mismo, ya todo el mundo lo toma como punto de referencia, igual que la Plaza Satélite o las Torres.

For me, the Corona sign is a landmark because it has always been there. When there is a lot of wind all the signs fall down except that one. That sign is easily more than ten years old, it's part of the beltway itself; everyone now uses it as a point of reference, like they do with Plaza Satélite or the Towers.

Diego

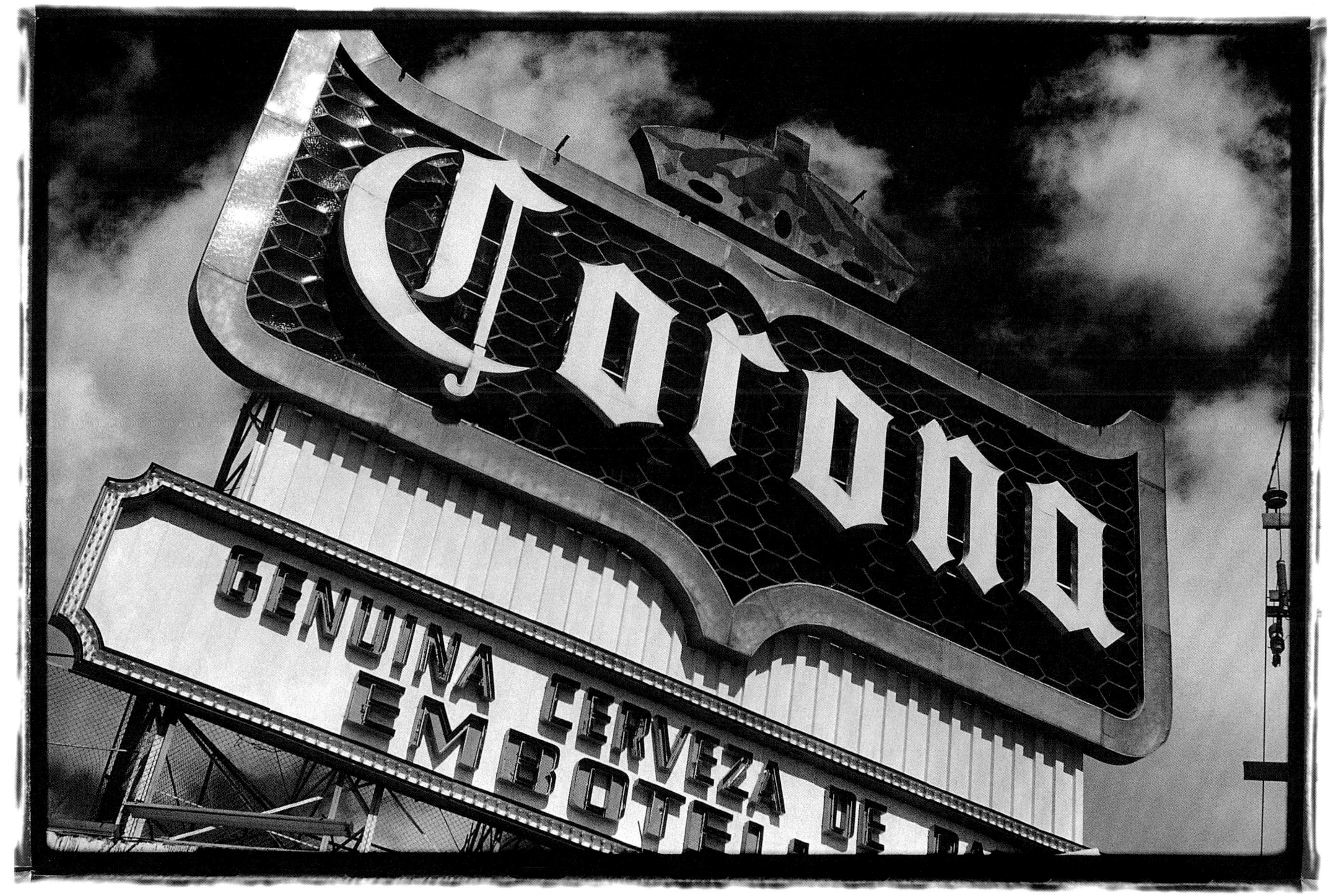

Diego Íñiguez Sosa

El letrero de Corona The Corona sign

Ciudad Satélite

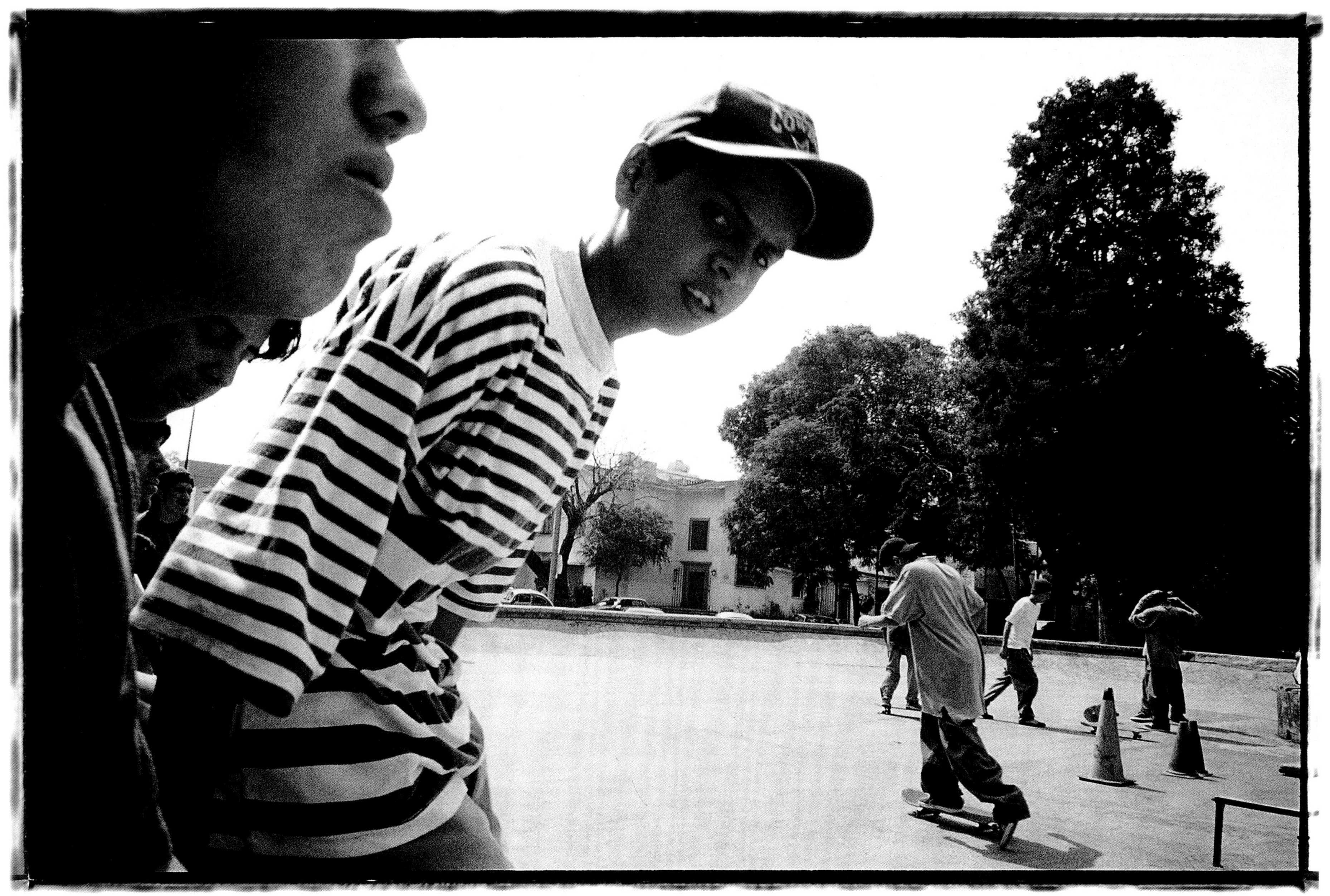

Renée Garro Wong

El Chiquillo y Horacio Chiquillo and Horacio

Colonia Polanco

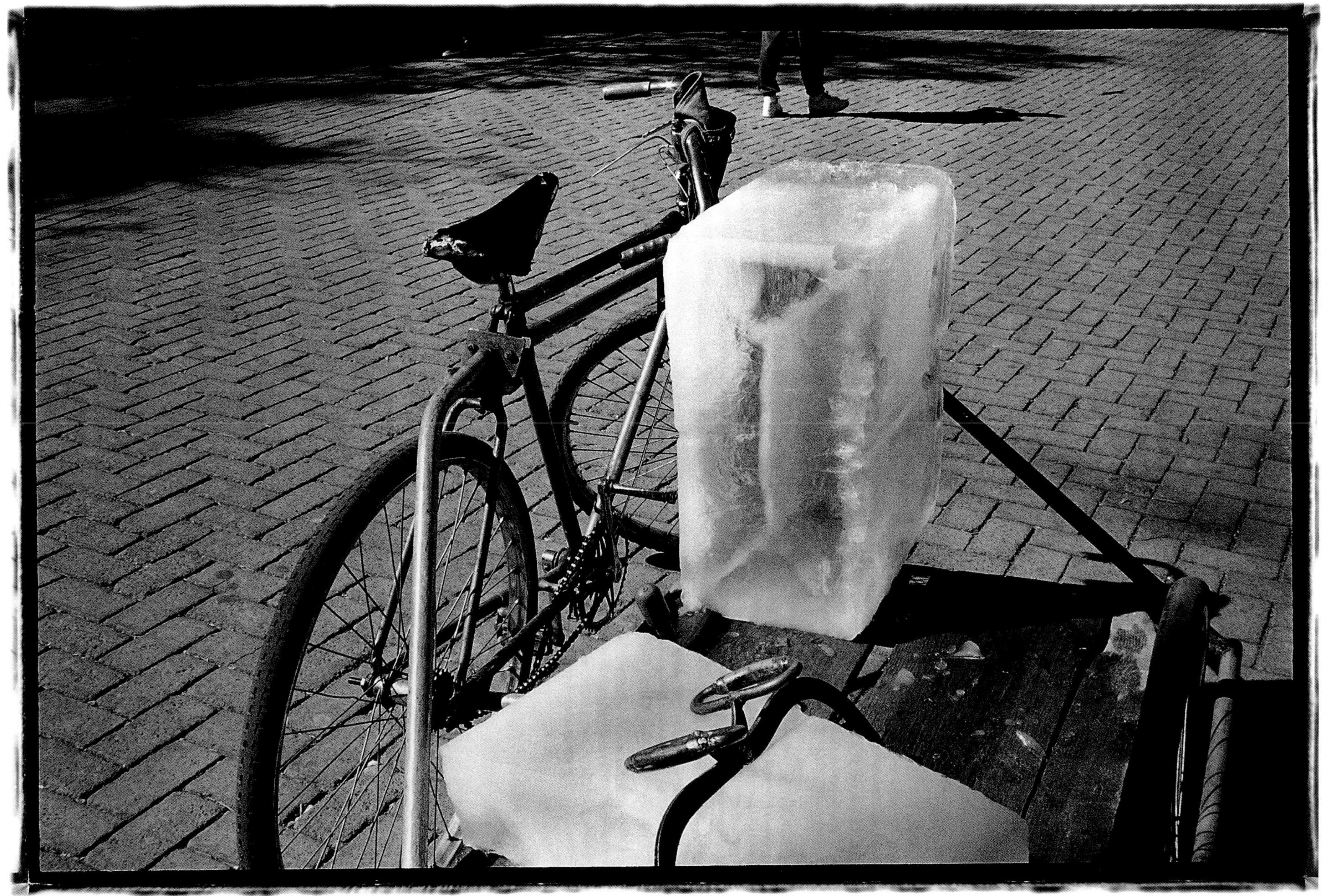

Renée Garro Wong

Vendedor de hielo Ice vendor

Chapultepec

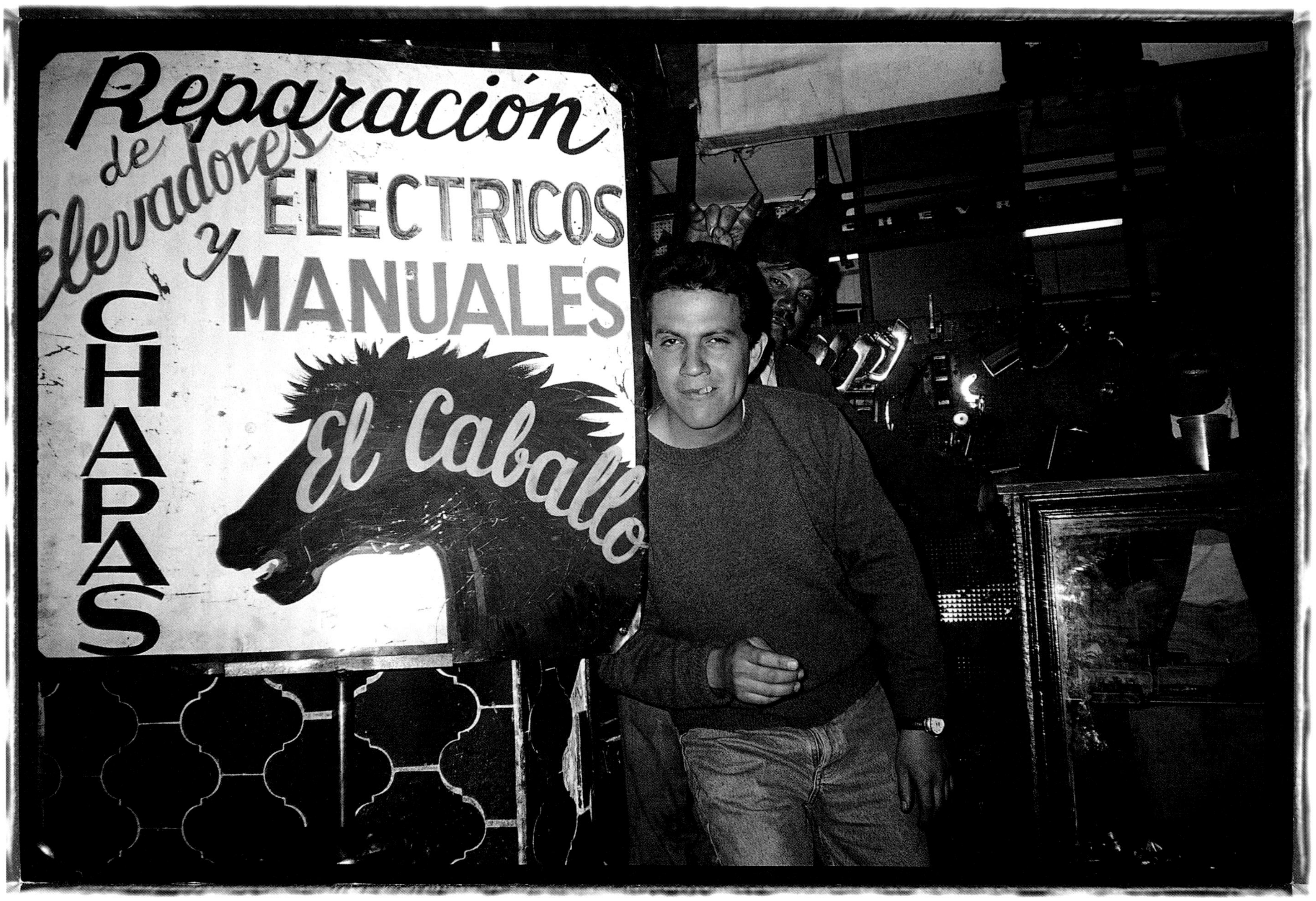

Rodrigo Vargas García

El Huevo, la Vaca y el Manitas
Huevo, Vaca and Manitas

Colonia Peralvillo

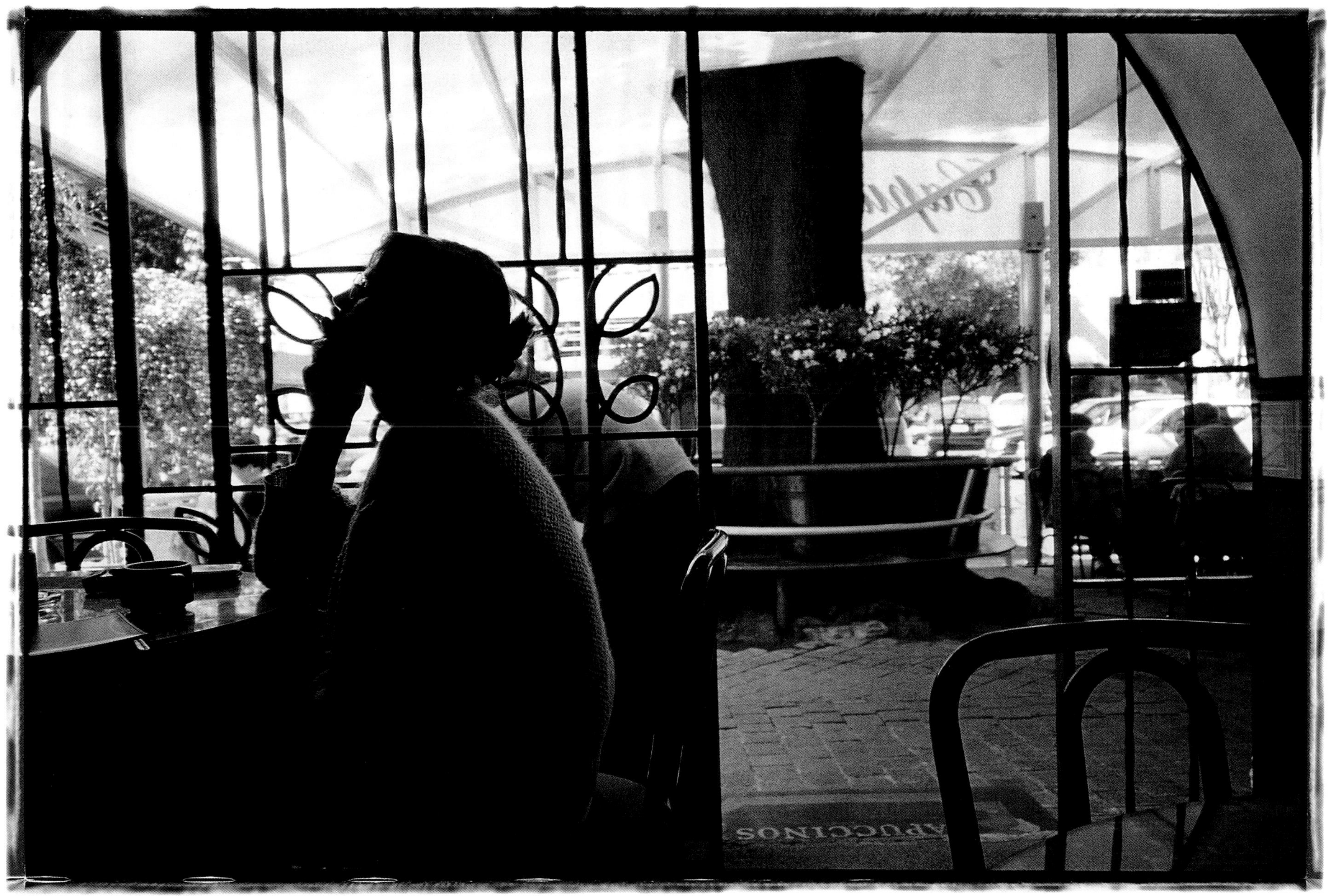

Casilda Madrazo Salinas

Capuccino's Capuccino's

Colonia Polanco

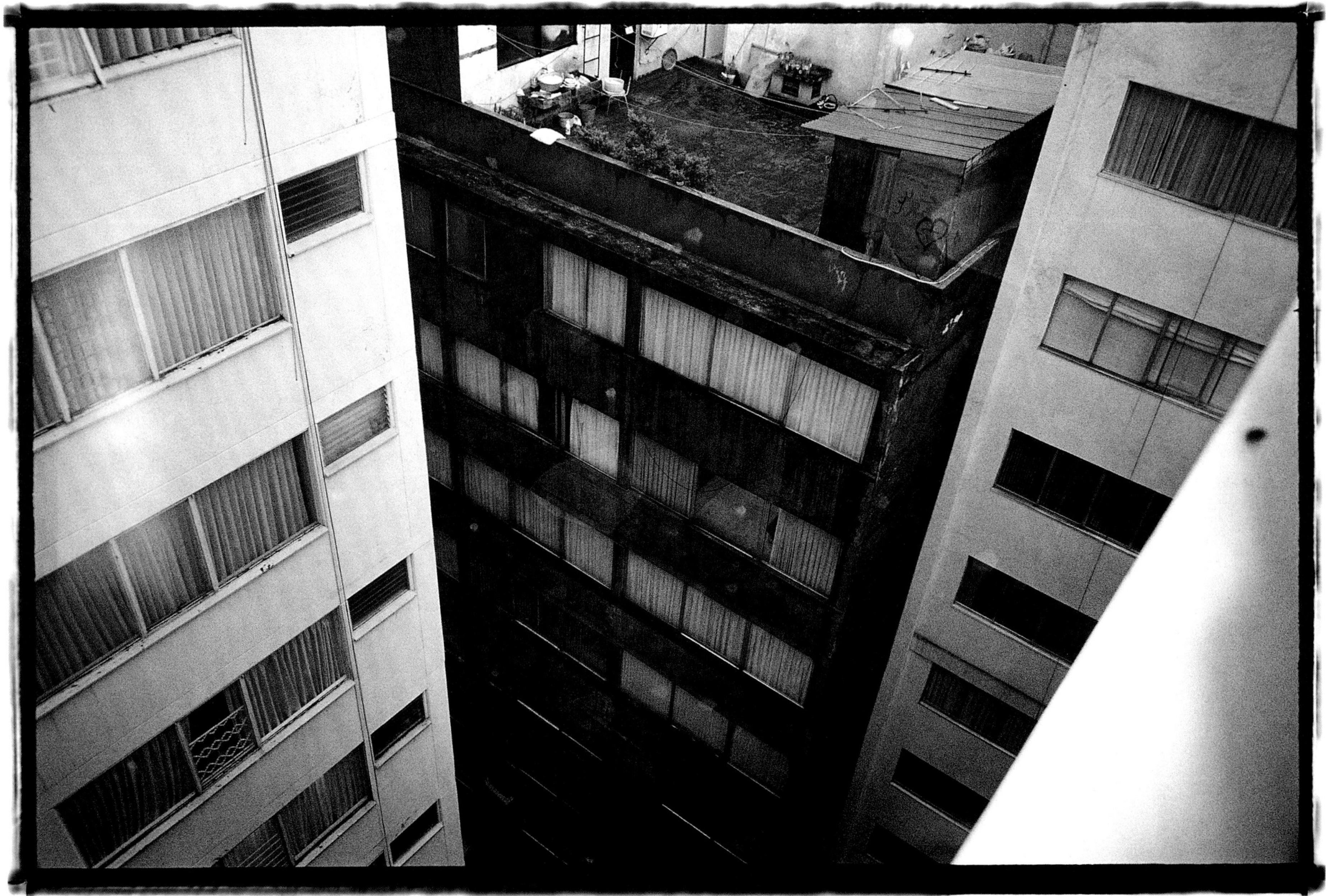

Varinia Estrada García

Antes del reventón, viernes por la noche
Friday night hangout, before the party

Colonia Polanco

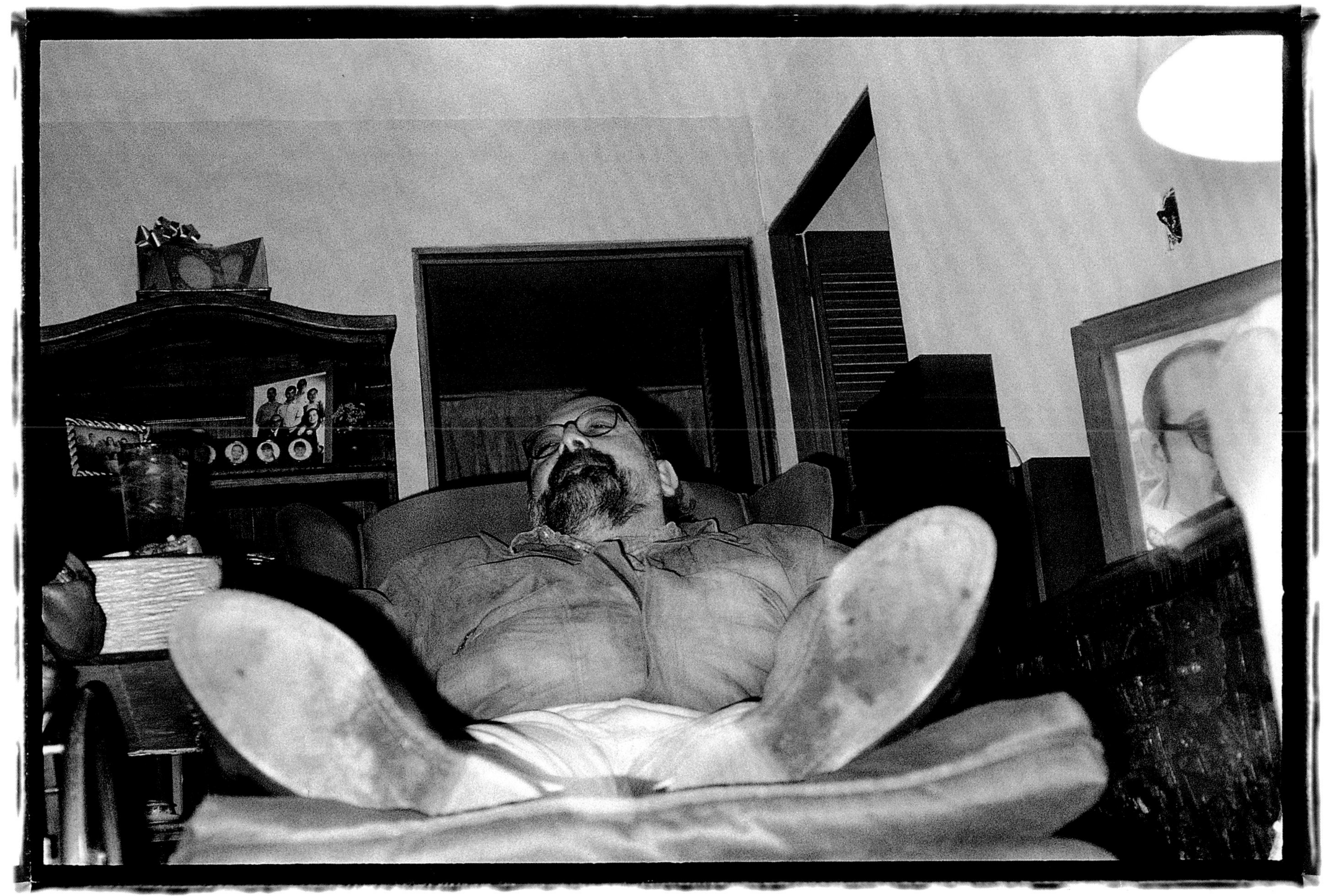

Natassja Ybarra Klor

La siesta **Afternoon nap**

Colonia Polanco

Éste es uno de los panteones más viejos de Ciudad Neza. Es impresionante ver cómo la gente vive en medio del panteón.

This is one of the oldest cemeteries in Ciudad Neza. It's amazing to see how people live in the middle of it.

Luis Ignacio

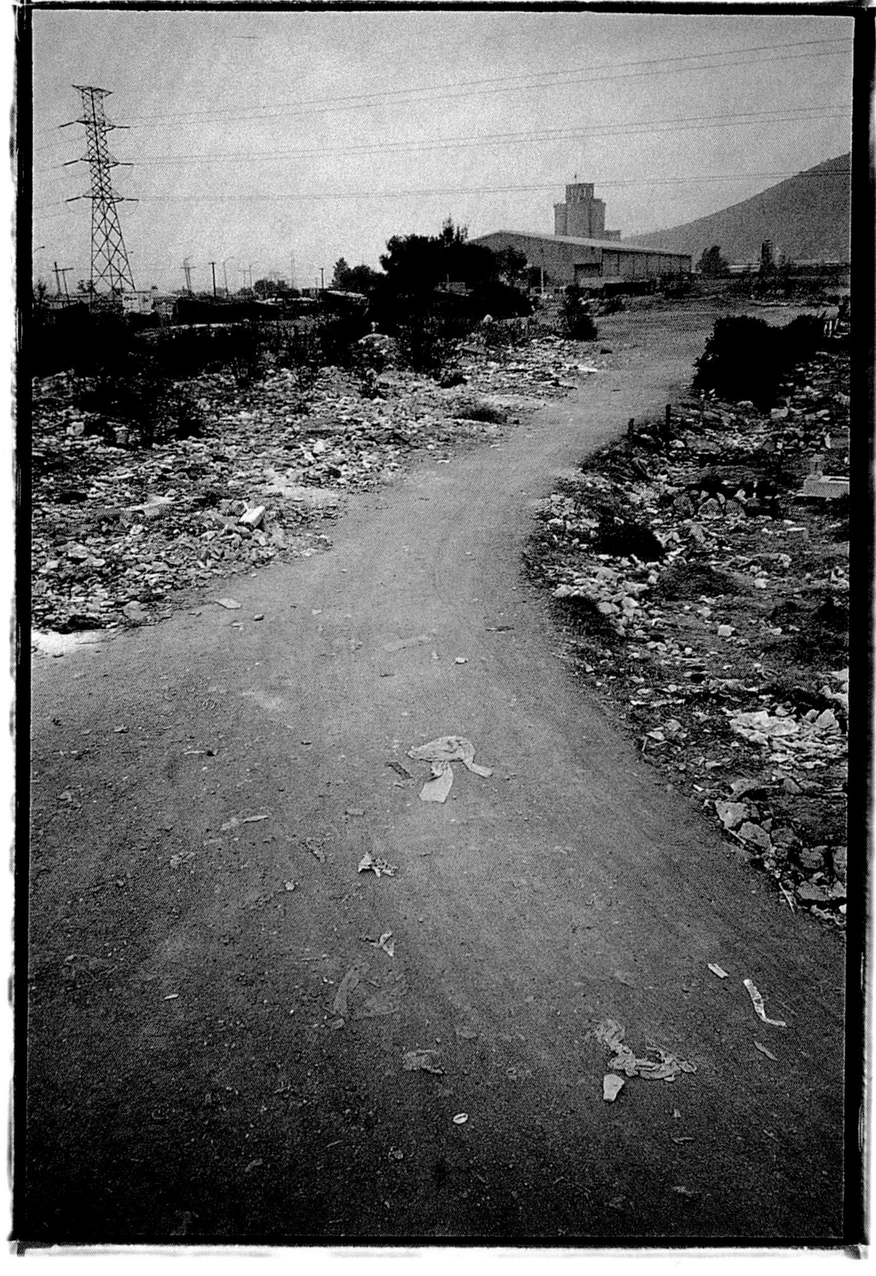

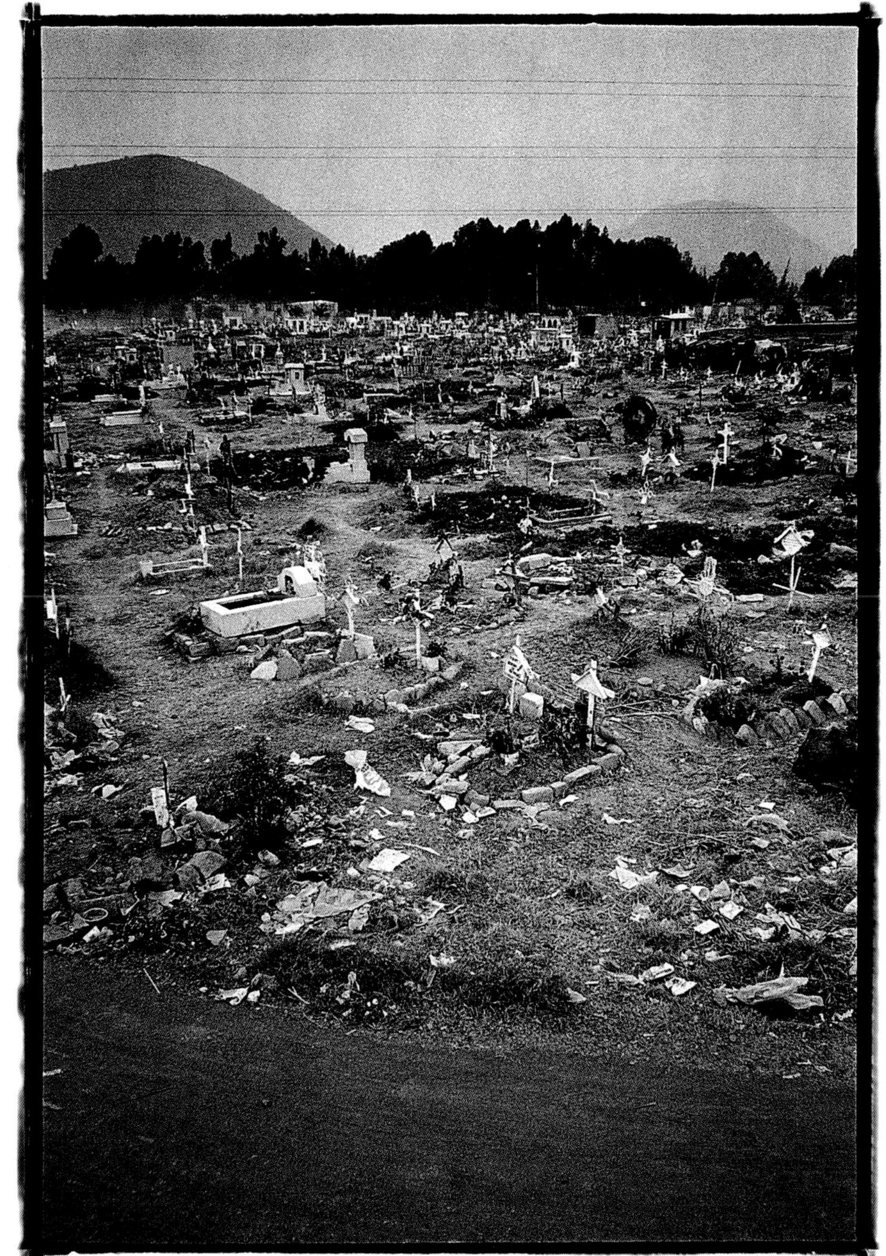

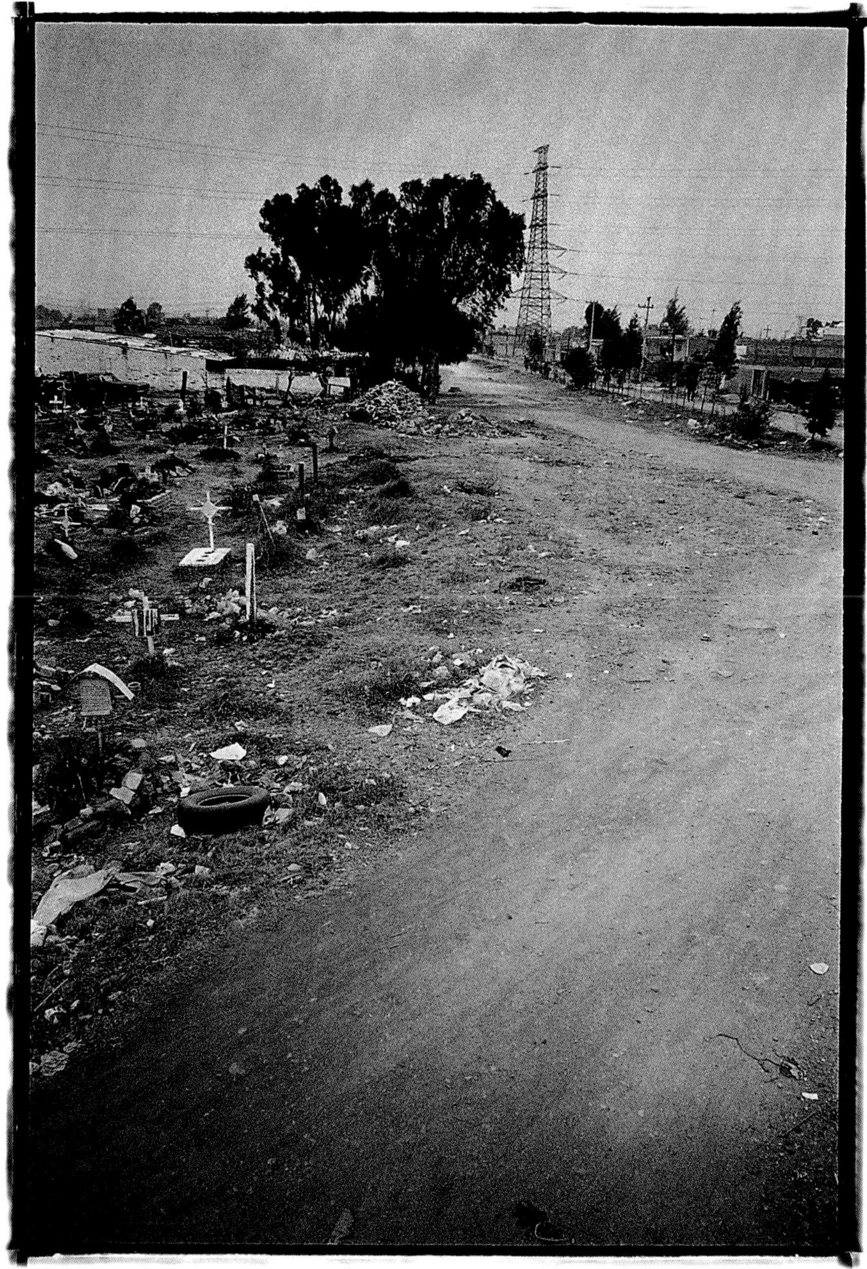

Luis Ignacio Romo Yáñez

Cementerio Cemetery

Ciudad Nezahualcóyotl

Antes, como monumento veía el Caballito o la Diana Cazadora. Ése era mi concepto, pero ahora lo veo de otra forma. Pienso que no necesariamente una gran escultura es un monumento, sino que también las cosas más sencillas, las más humildes, pueden ser de alguna manera monumentos.

Before, I saw the *Caballito* or Diana the Huntress as monuments. That was how I thought. Now I see it differently. I don't think it has to be a great sculpture in order to be a monument, but the more simple things as well, the more humble ones can in a way also be monuments.

Luis Ignacio

Si no hubiera museos, ésta sería una simple piedra.

If there were no museums, this would be a simple rock.

Rocío

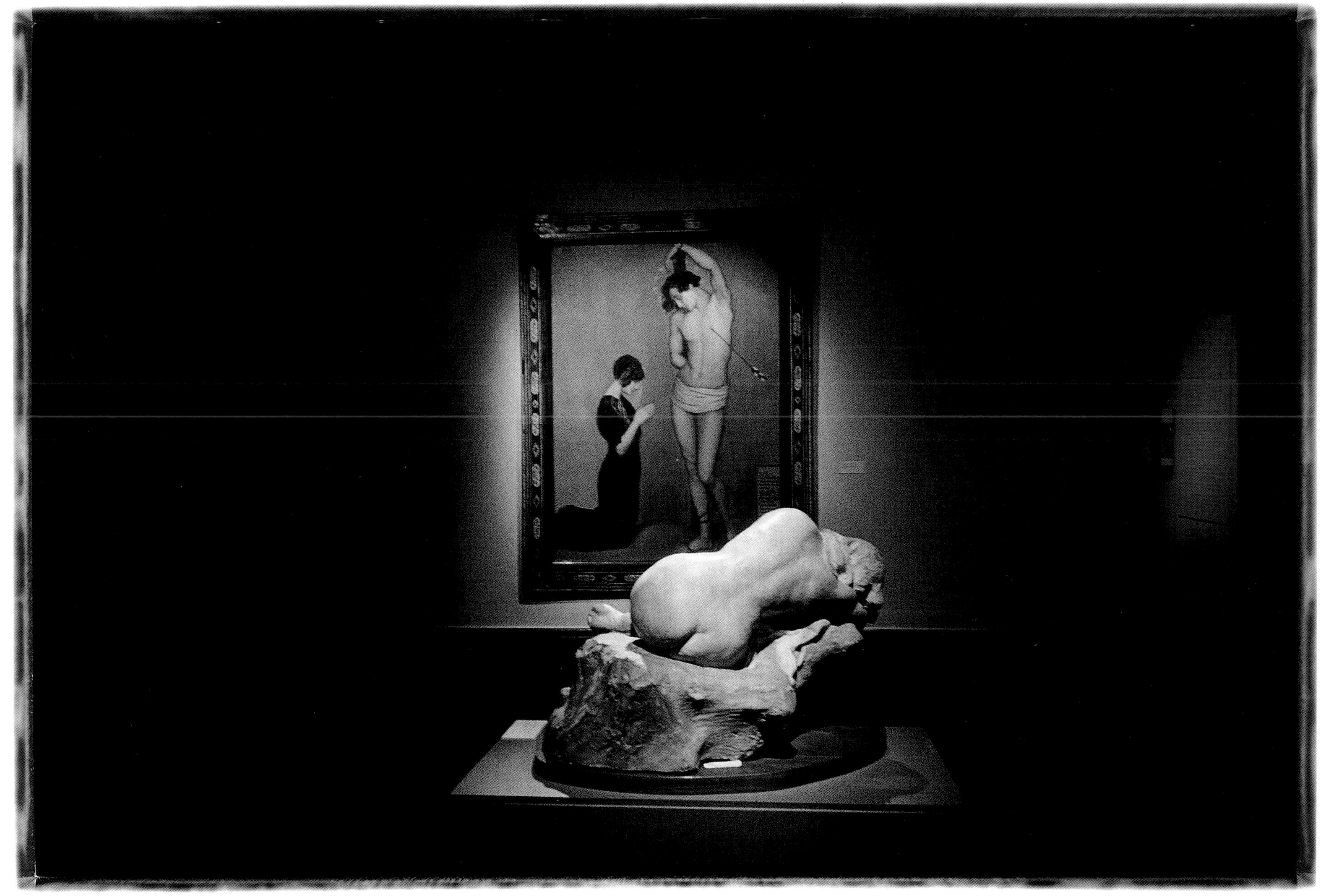

Rocío Juárez Argueta

Museo Nacional de Arte

National Museum of Art

Centro Histórico

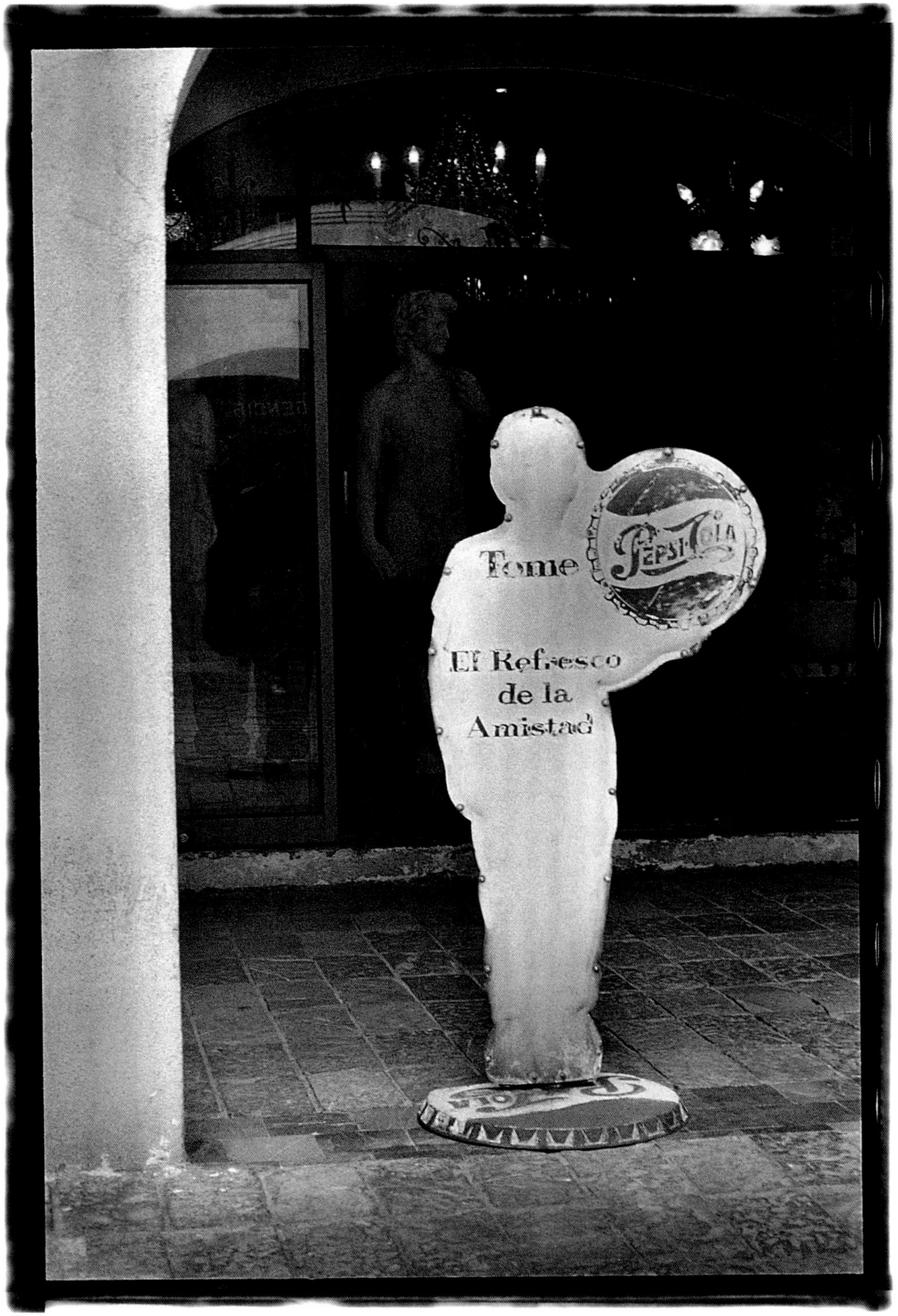

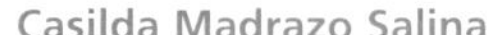

Casilda Madrazo Salinas

Plaza del Ángel, Zona Rosa

Angel Plaza, Pink Zone

Colonia Juárez

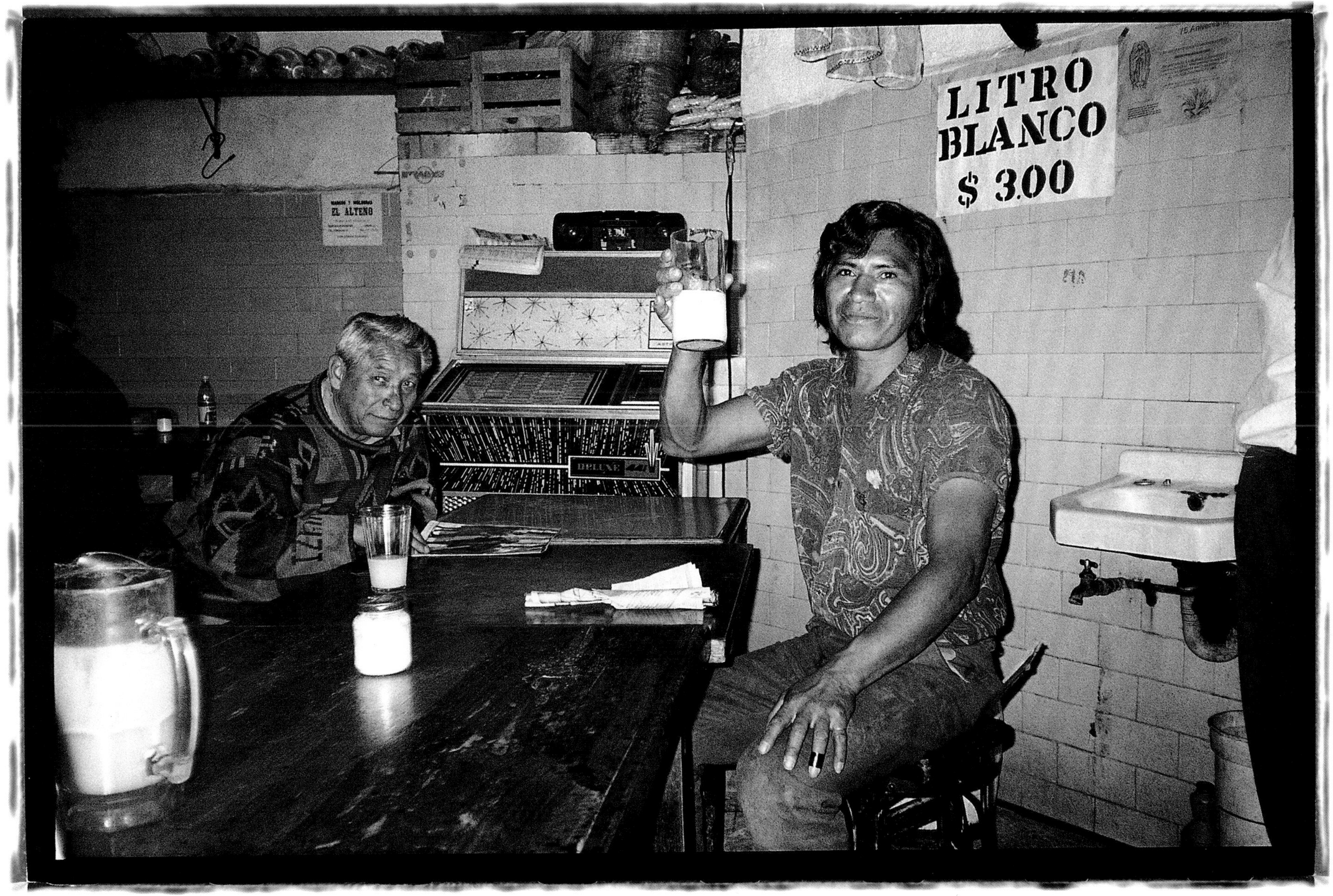

Renée Garro Wong

Pulquería, mercado de Mixcoac

Tavern, Mixcoac market

Colonia Mixcoac

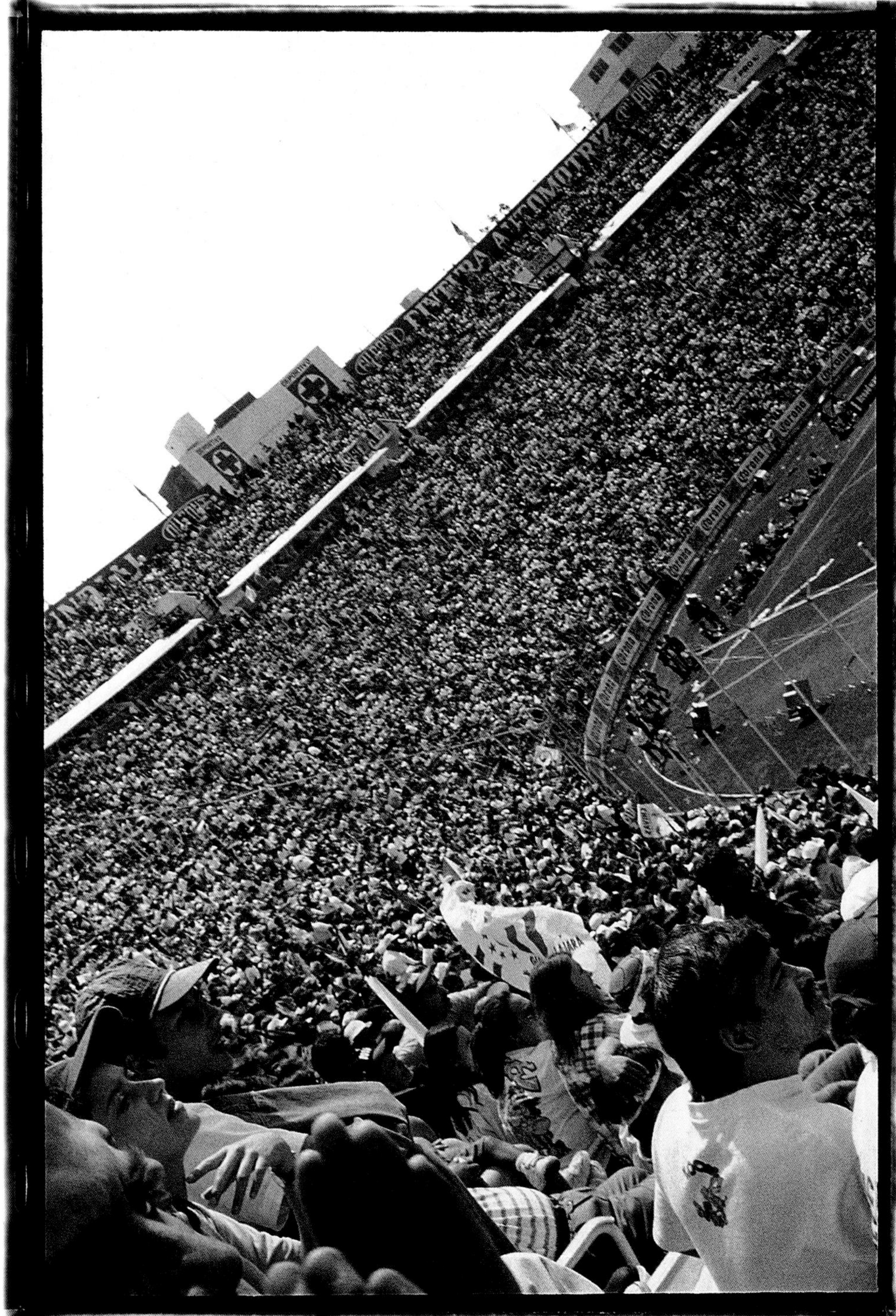

Luis Ignacio Romo Yáñez

Chivas vs Cruz Azul

Chivas vs Cruz Azul

Estadio Azul Grana, Colonia Nochebuena

Alejandra España Natera

Metro, estación Bellas Artes

Fine Arts subway station

Centro Histórico

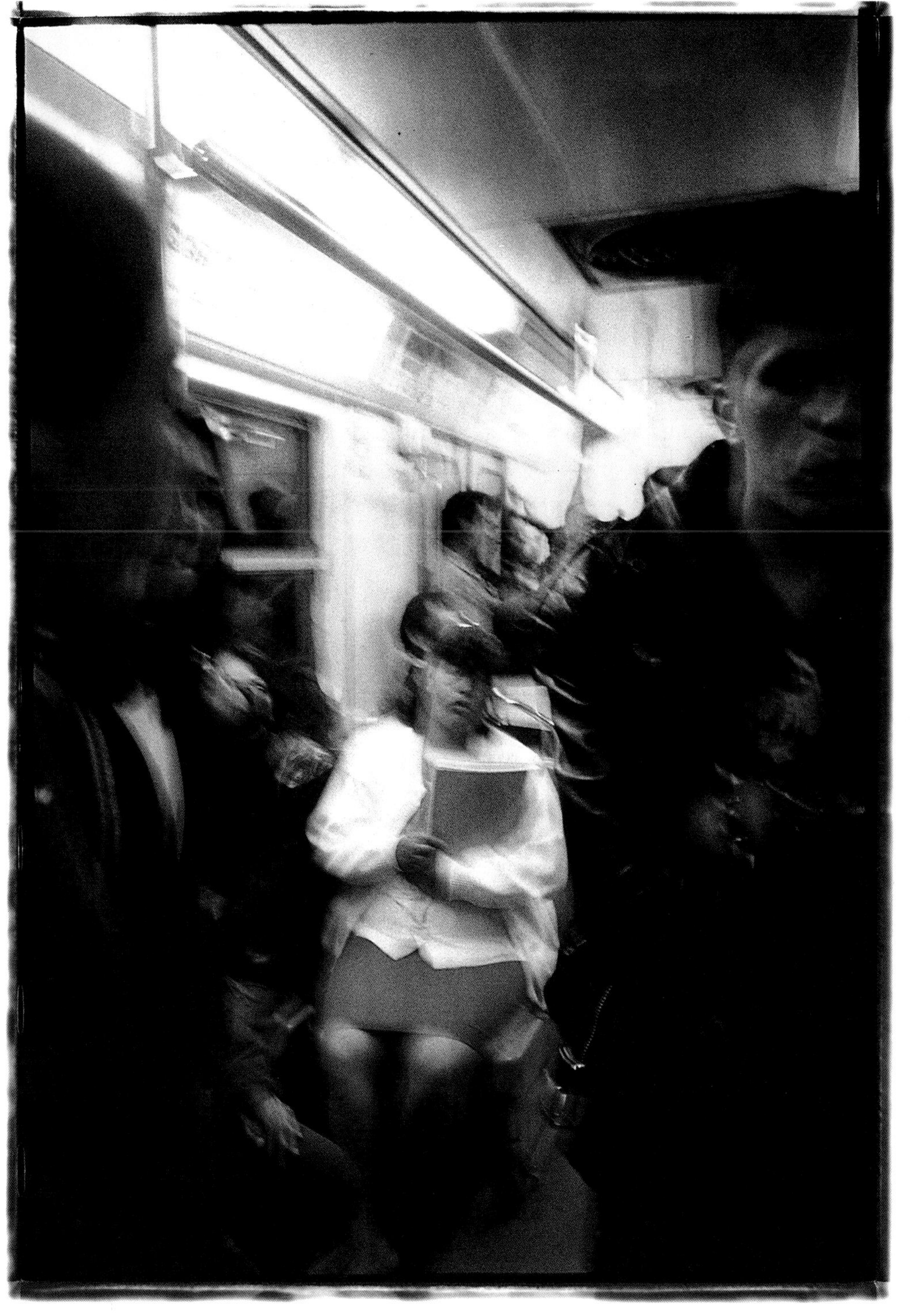

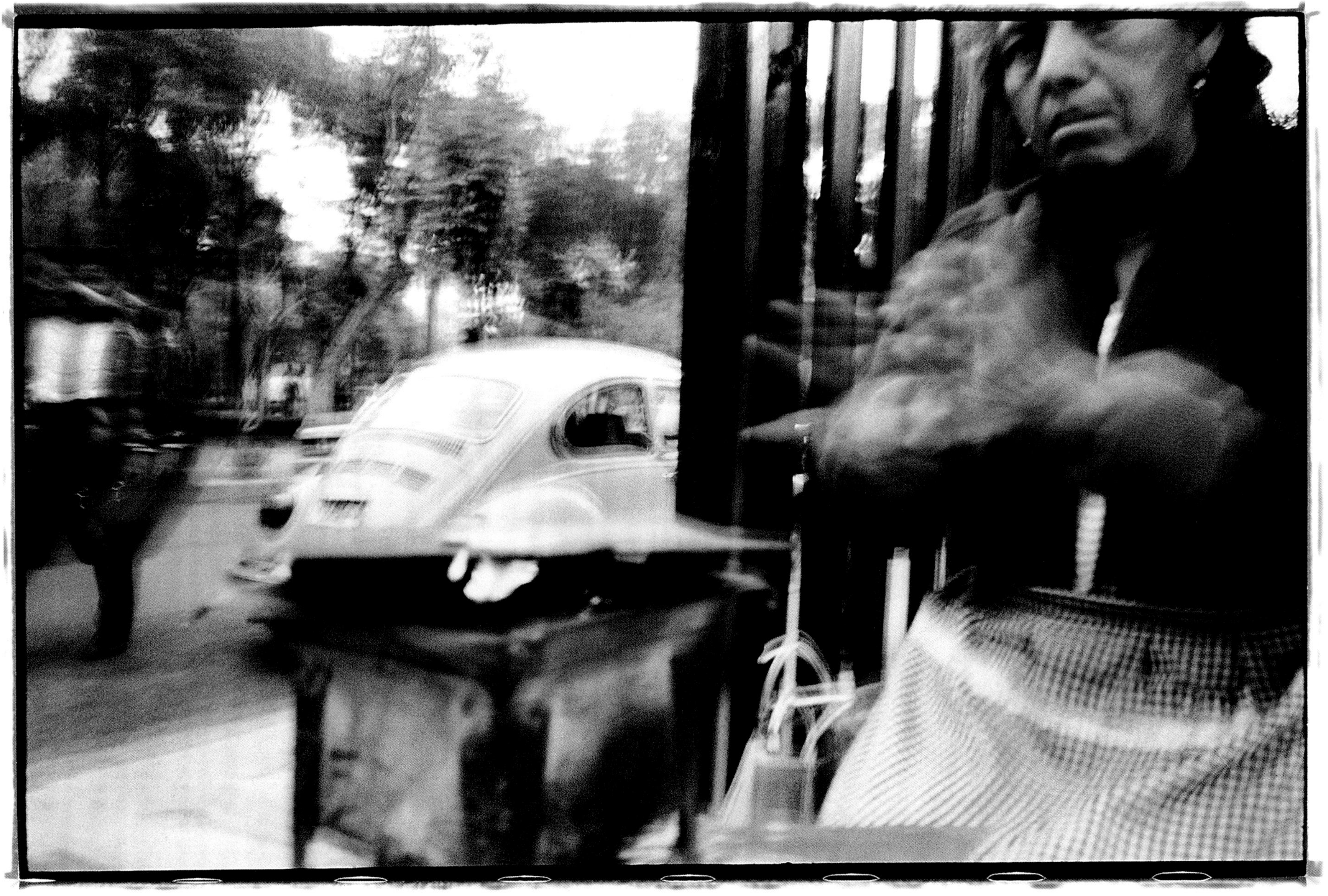

Renée Garro Wong

Vendedora de gorditas *Gordita* vendor

Colonia del Valle

El patio de mi casa

The patio of my house

Colonia Peralvillo

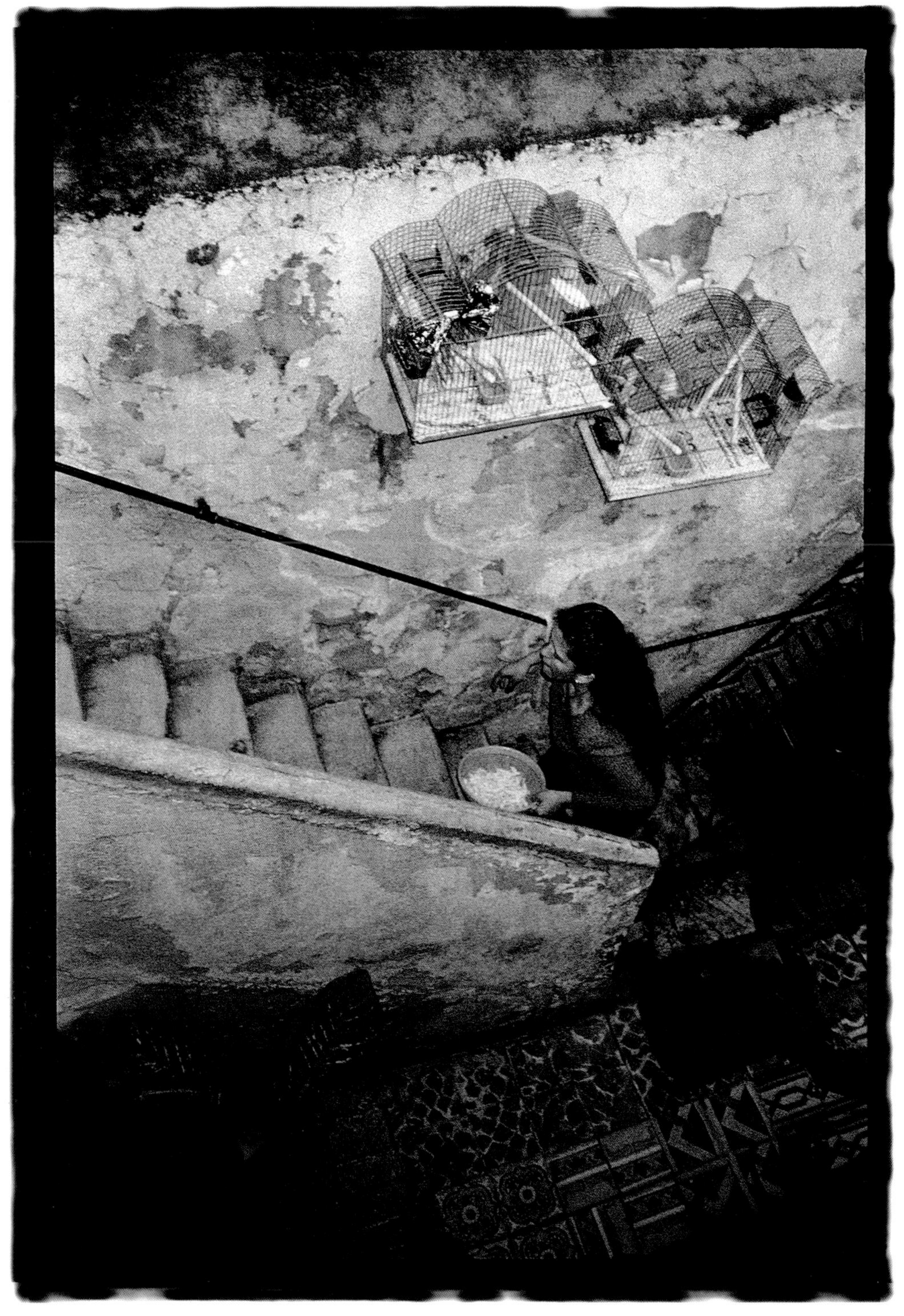

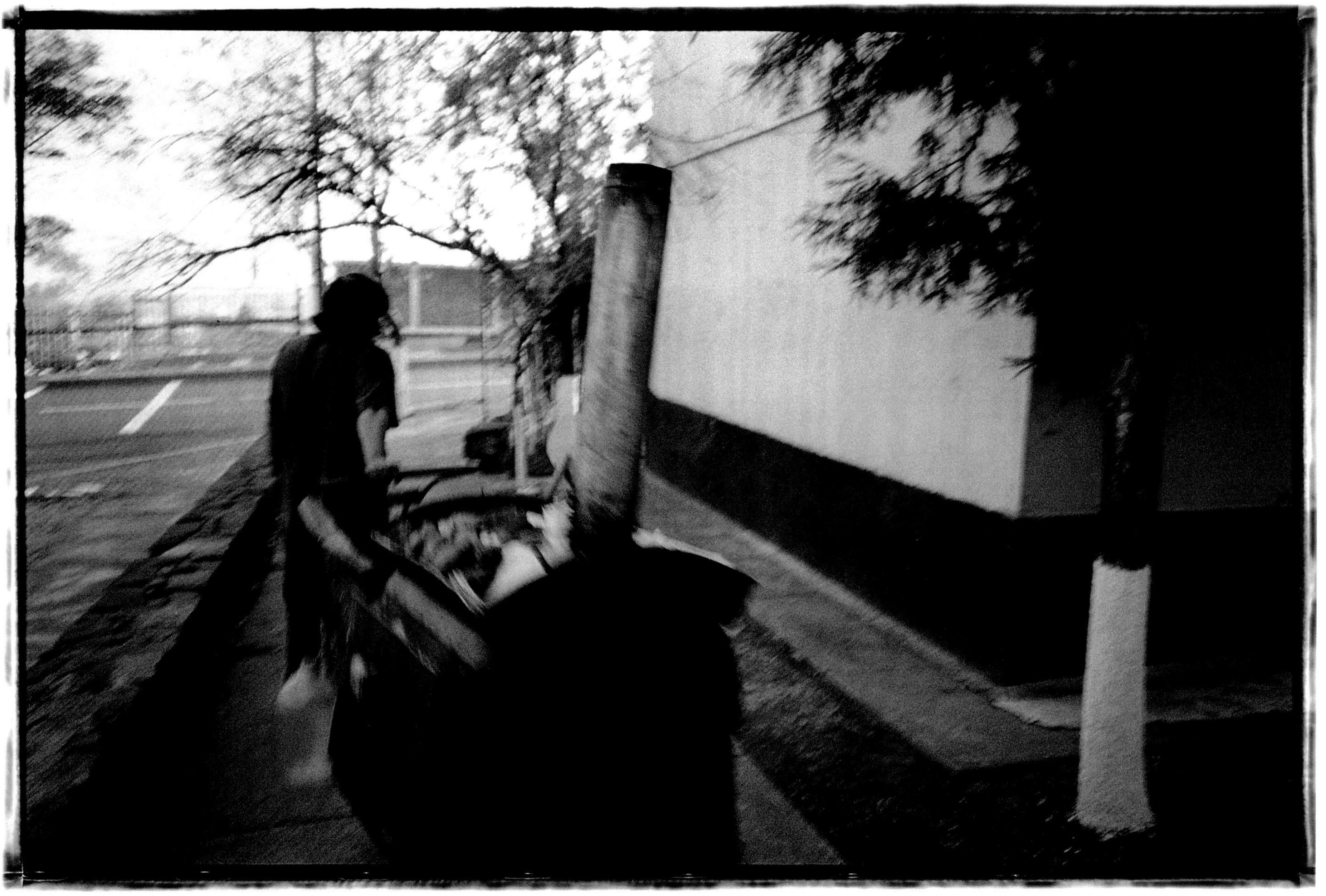

Renée Garro Wong

Vendedor de camotes Sweet potato vendor

Lomas de Plateros

Varinia Estrada García

Día de mercado, desde mi ventana

Market day from my window

Colonia Irrigación

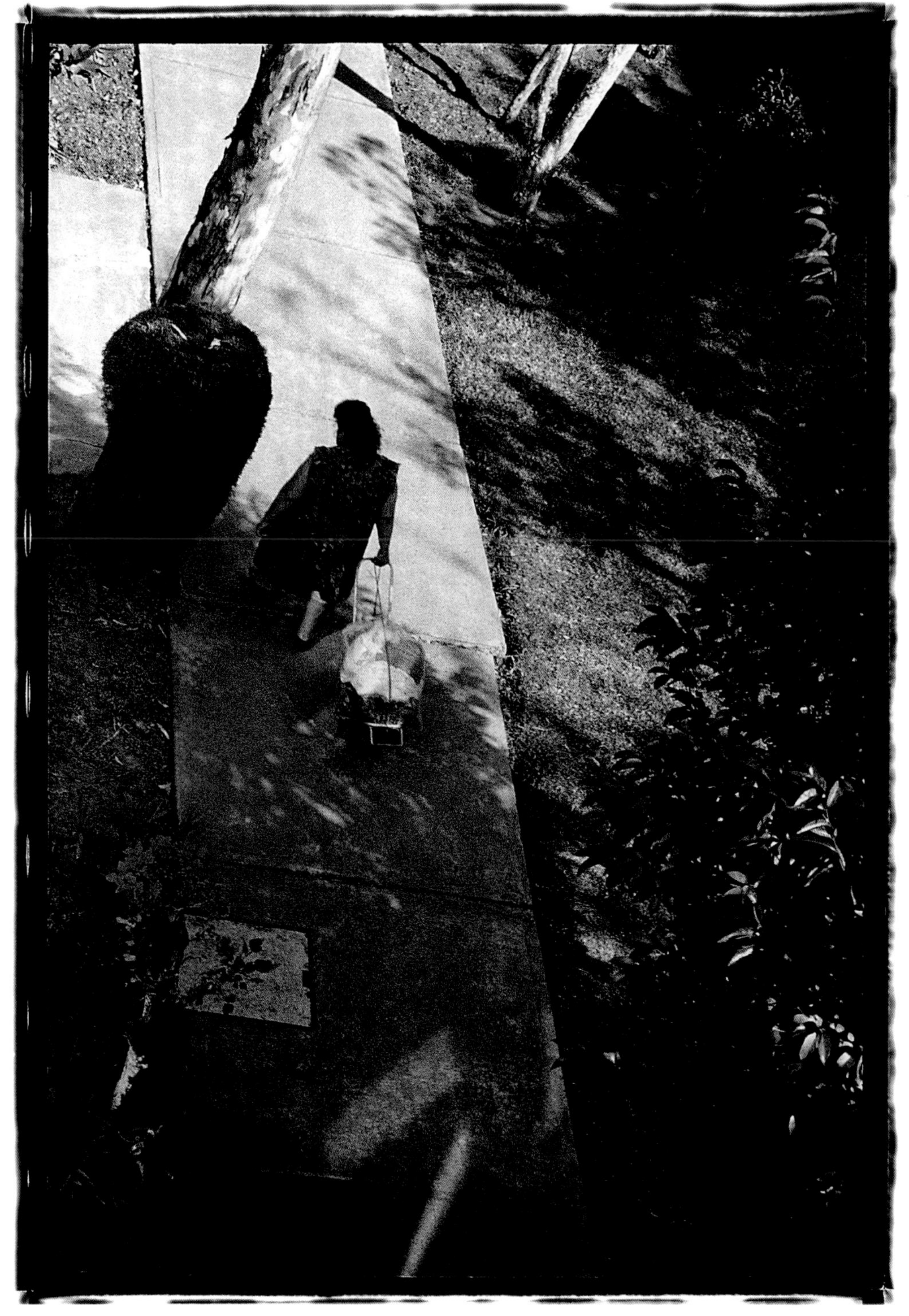

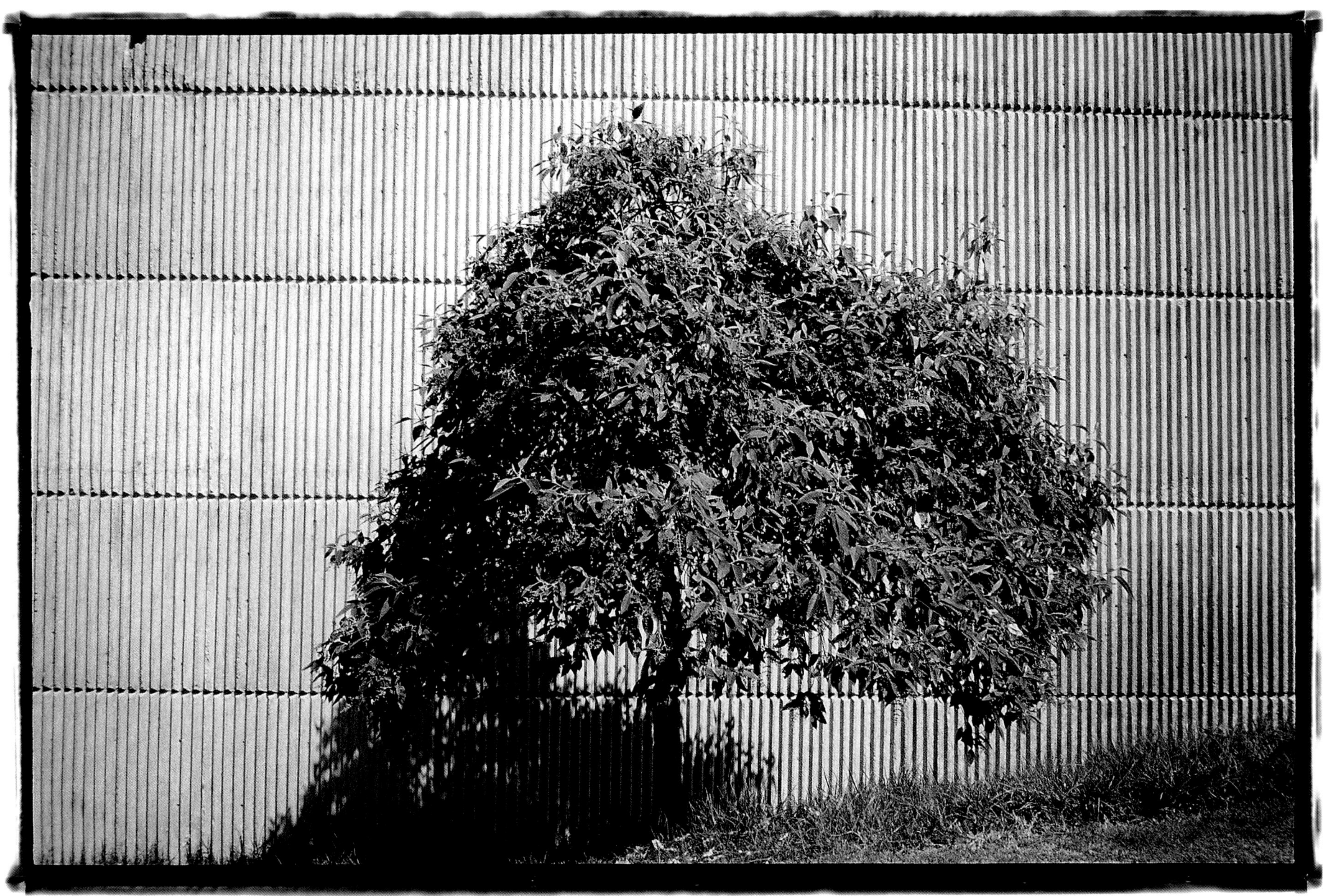

Renée Garro Wong

Pared de la biblioteca **Library wall**

Ciudad Universitaria

Natassja Ybarra Klor

Teléfono descompuesto Out of order

Colonia Irrigación

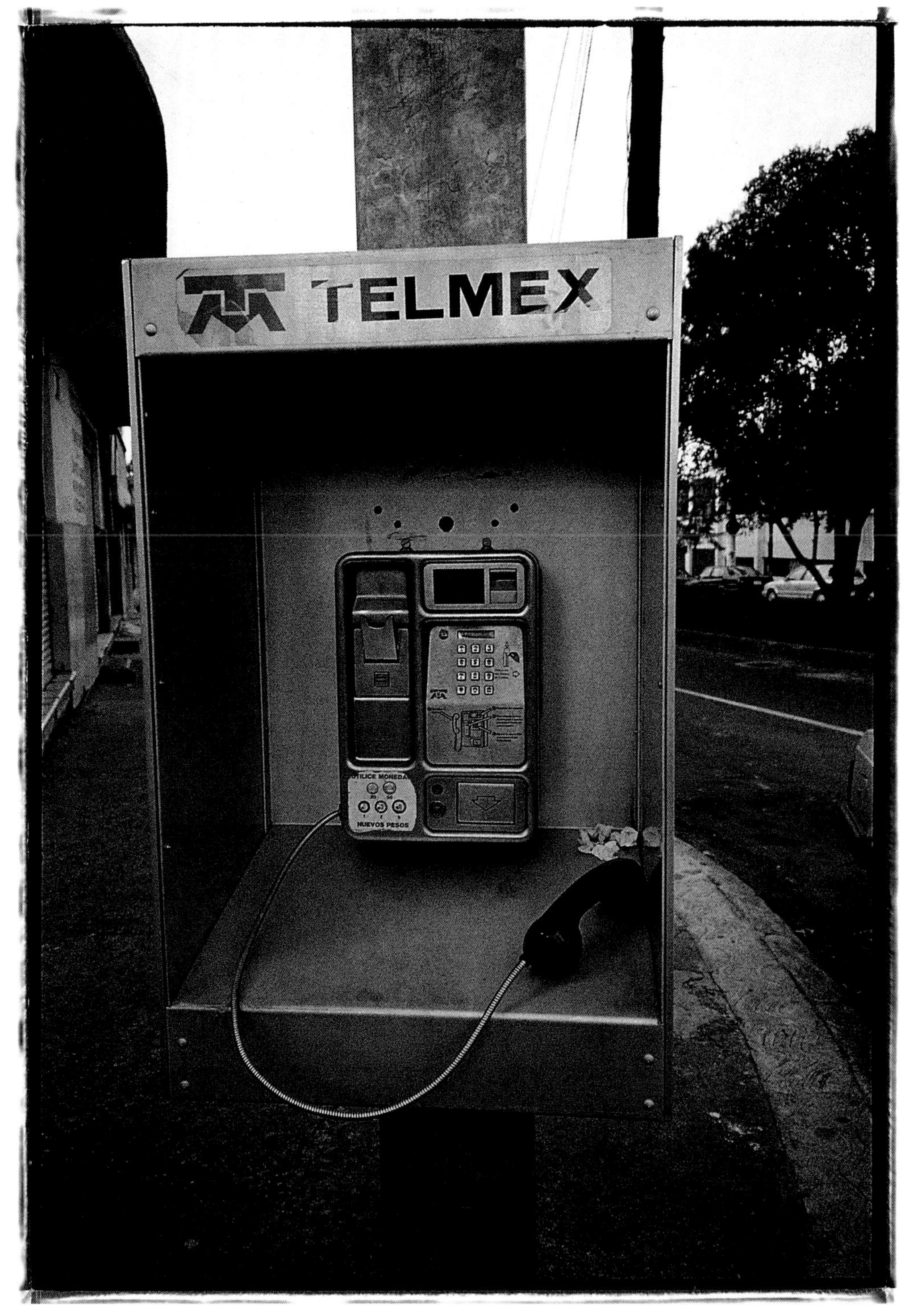

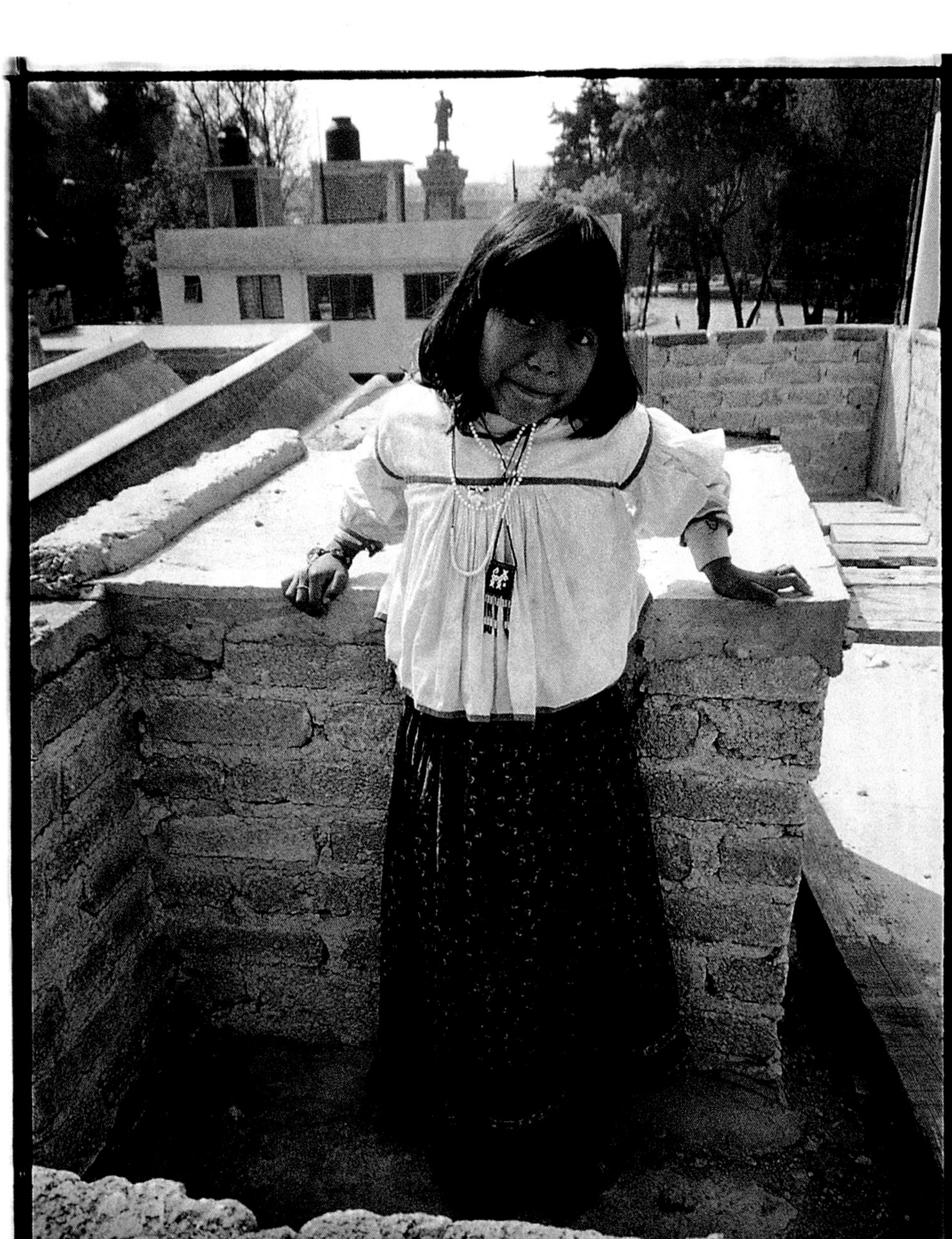

Apolonio Carrillo Carrillo

Mi hermana, Sofía Carrillo

My sister, Sofía Carrillo

Ciudadela

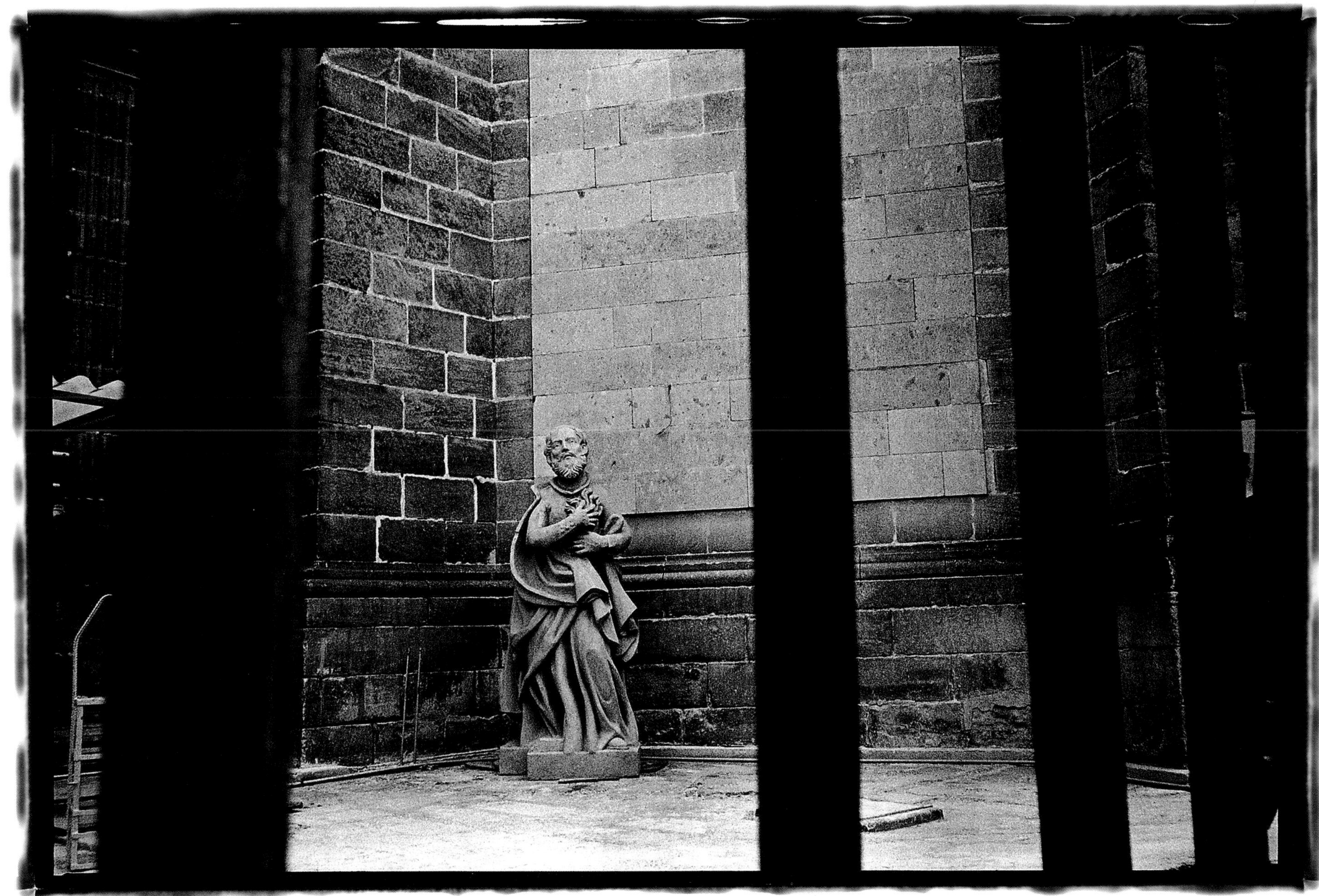

Rodrigo Vargas García

Catedral Cathedral

Centro Histórico

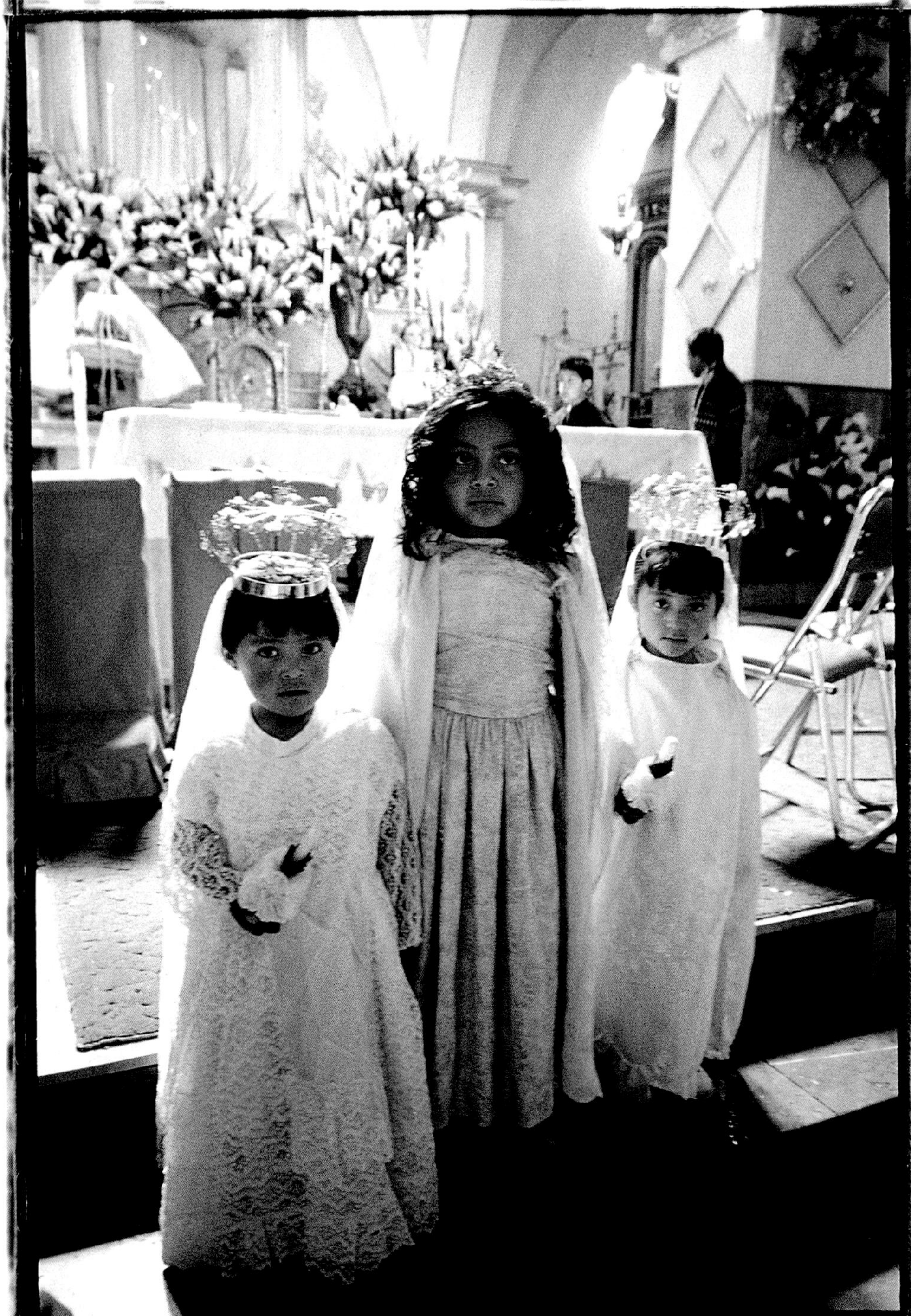

Alejandra España Natera

Día de la Candelaria Candlemas

Barrio del Niño Jesús

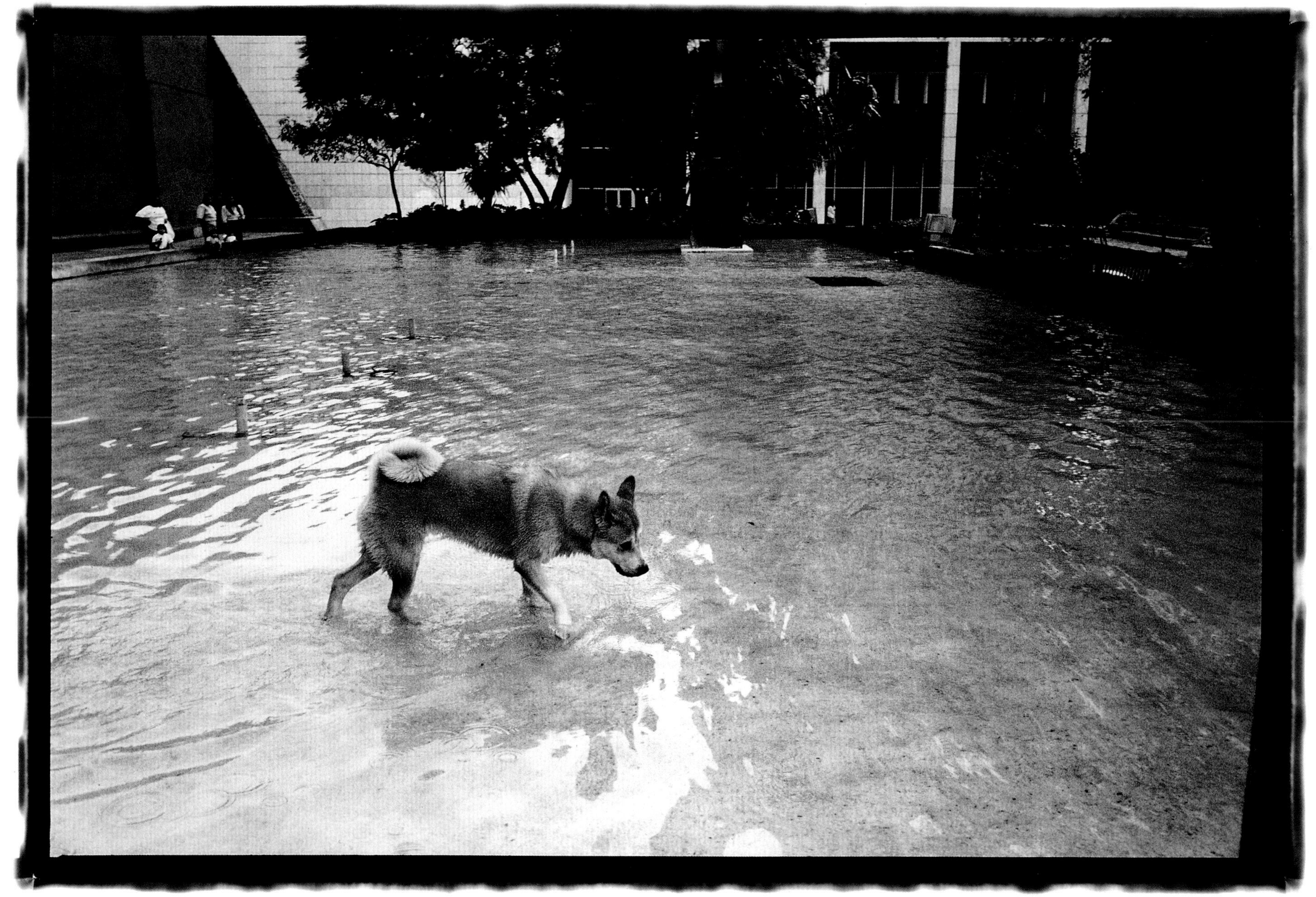

Rodrigo Vargas García

Plaza de las Tres Culturas

Three Cultures Square

Tlatelolco

Ésta es La Villa; la virgen que está adentro nos cuida a todos para que no nos enfermemos. Se llama María. En huichol se llama Tanan. Somos sus hijos y nos cuida todos los días adondequiera que vamos.

This is La Villa. **The virgin inside protects us** so that we don't get sick. Her name is Maria. In Huichol she is called Tanan. We are her children and she looks after us everyday, wherever we go.

Apolonio

Siempre llevan a los niños para presentarlos a la virgen, a Dios y a todos los santos. Mi mamá me platicó que cuando yo era chiquita y nació mi hermano, mi papá se metió hincado cargándonos a los dos y se quedó hincado, no se sentó... Llegó con el pantalón roto y con las rodillas raspadas.

Little children are always taken to be presented to the virgin, to God, and to all the saints. My mom told me that when I was little and my brother was born, my dad went in on his knees carrying the two of us and remained kneeling. He didn't sit down ... when he came back his pants were torn and his knees were scraped.

Rocío

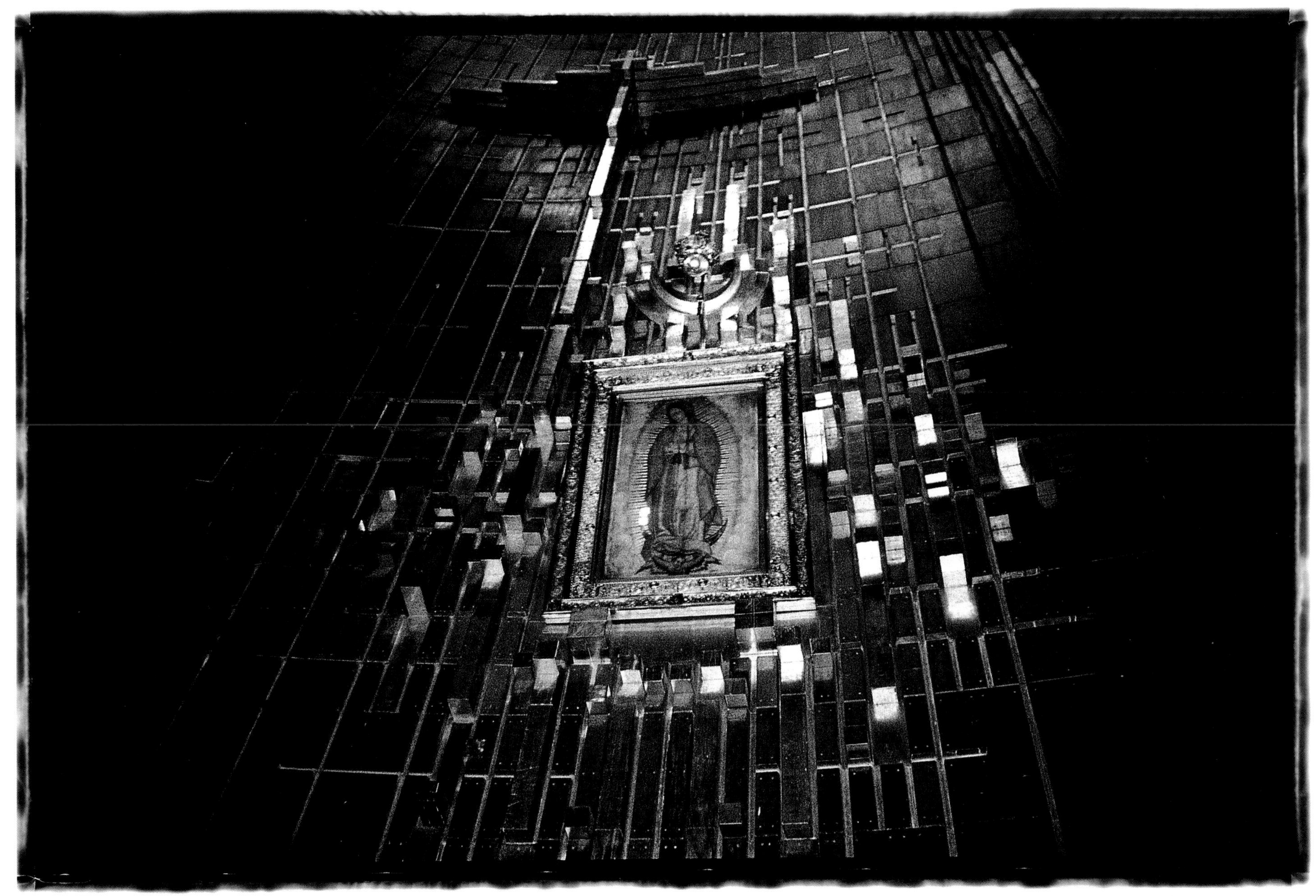

Rocío Juárez Argueta

Virgen de Guadalupe Virgin of Guadalupe

La Villa

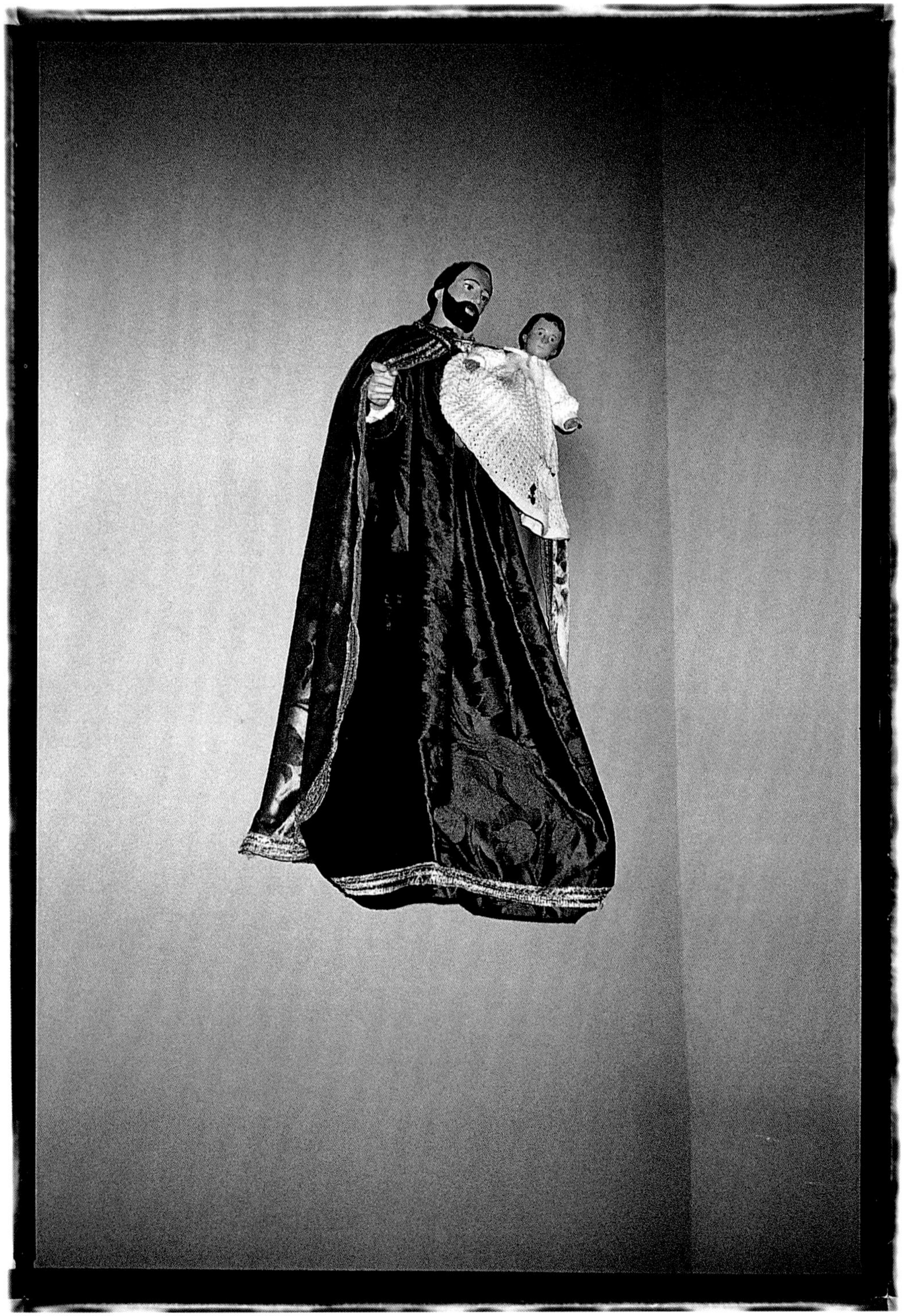

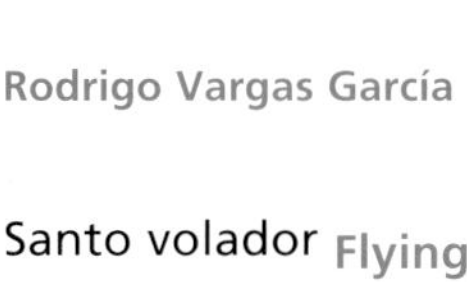

Rodrigo Vargas García

Santo volador Flying saint

Colonia Peralvillo

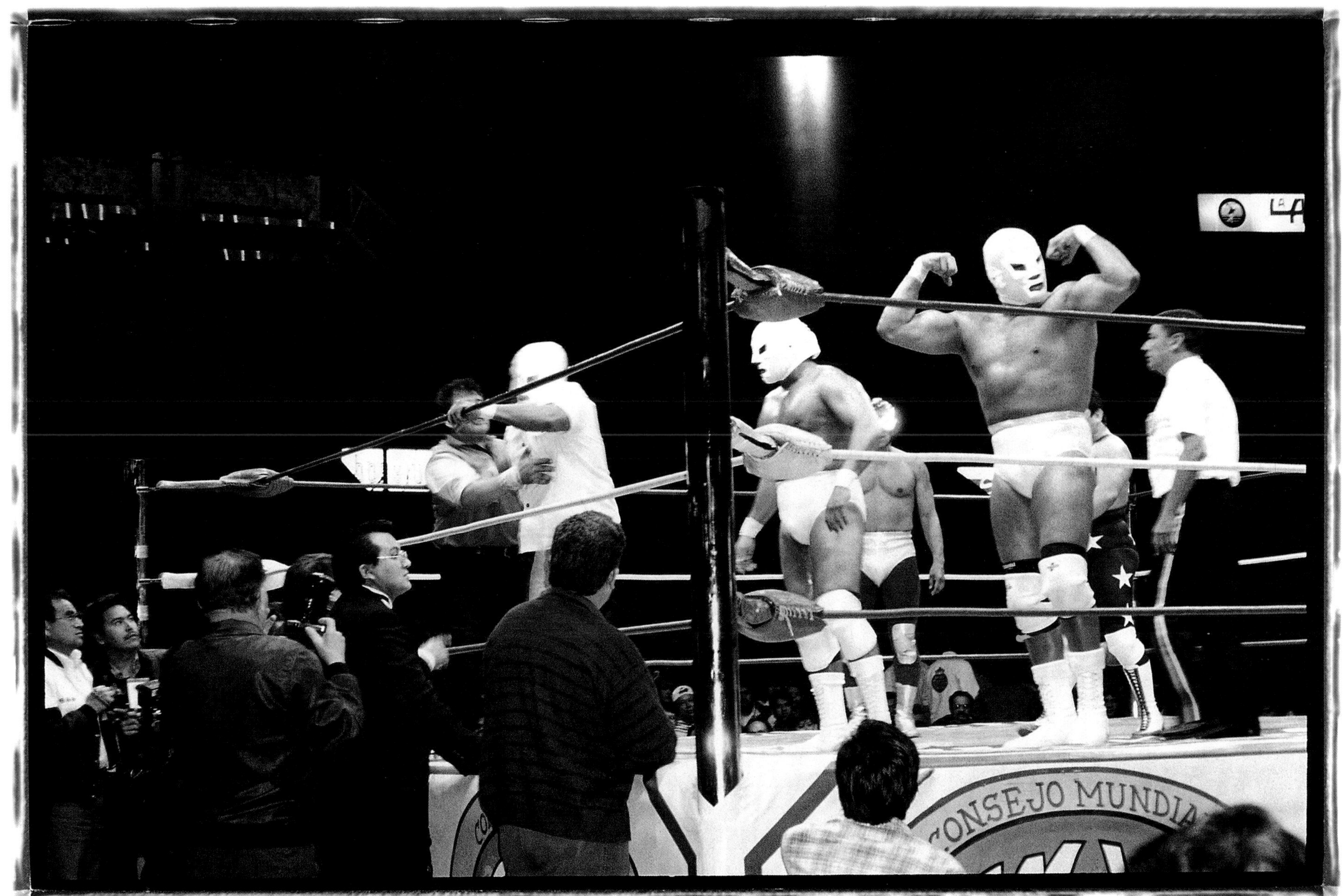

Casilda Madrazo Salinas

Dr. Wagner y Silver King

Dr. Wagner and Silver King

Arena México, Colonia Doctores

Cuando me balacearon, me salvaron la vida en este hospital después de que en el otro me sacaron de terapia intensiva porque decían que ya no tenía remedio, que estaba ocupando el lugar de alguien que sí se podía curar. Esto marca un punto significativo en mi vida.

When I was shot this hospital saved my life, after I was taken out of intensive care in the other one where I was told there was no hope and that I was using up the place of someone who could be cured. It marks a significant point in my life.

Siento que no puedo vivir nada más al día, únicamente viviendo por existir, sin tener alguna razón, algún motivo, algún impulso... Me acuerdo de cuando me quedaba dormido en la calle, pero ahora quiero hacer algo por los que se quedan a dormir en las calles. Si no recordara eso, pues no haría nada, simplemente seguiría existiendo.

I feel I can't just live day by day, living only in order to exist, without having some reason, some motive, some impulse...I remember when I used to sleep in the streets, but now I want to do something for those who sleep in the streets. If I didn't have that to remember, well, I'd have nothing, I'd simply continue to exist.

Luis Ignacio

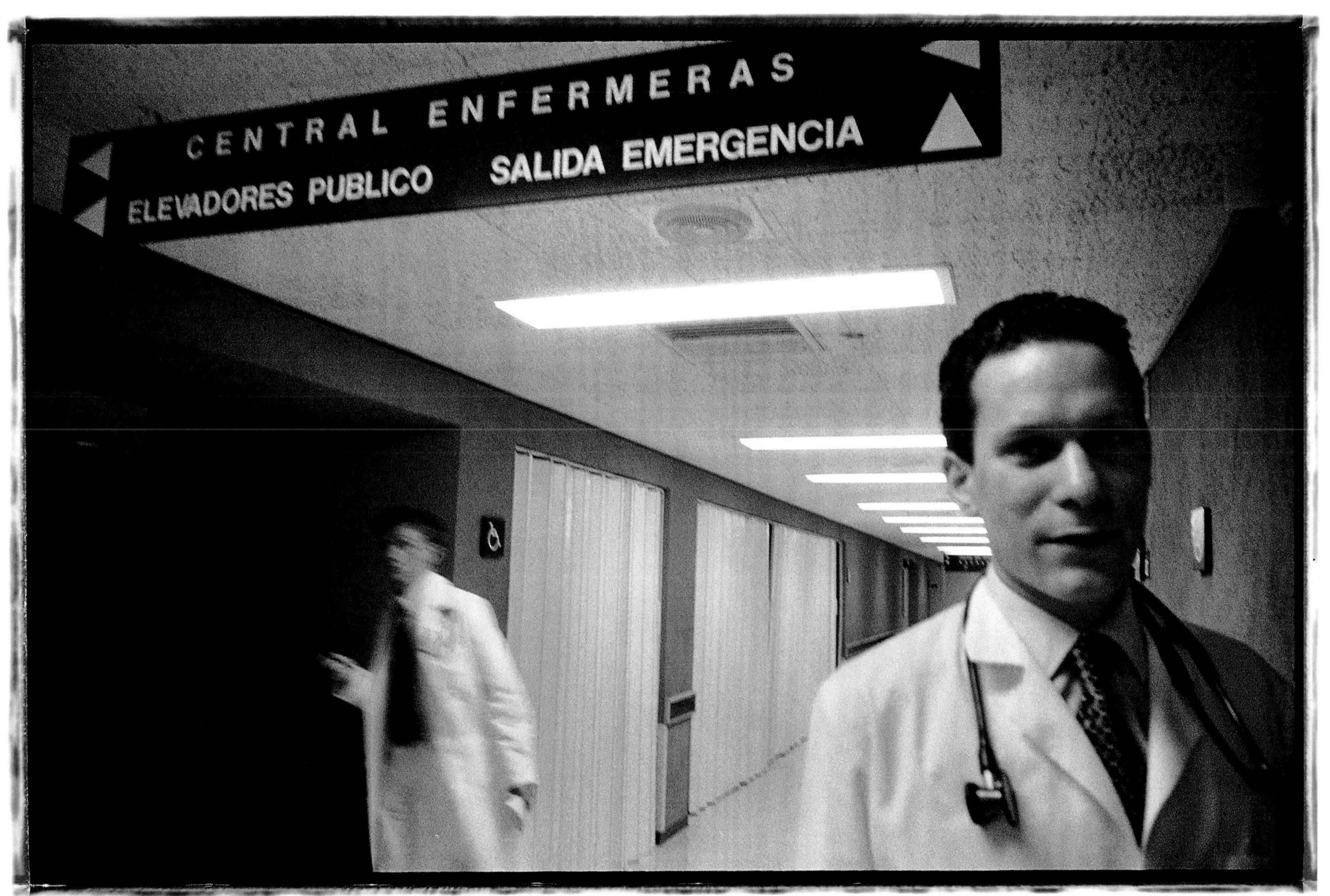

Luis Ignacio Romo Yáñez

Hospital ABC ABC Hospital

Colonia Tacubaya

Éste es un venado. Para nosotros es muy importante porque cuando alguien de nosotros los huicholes está enfermo, un curandero canta y dice que va a cazar un venado. Luego se hace una ceremonia y así se recupera el enfermo.

This is a deer. They are very important to us because when a Huichol is ill, a healer sings and says he is going to hunt a deer. Then a ceremony is performed and so the sick person recovers.

Apolonio

Apolonio Carrillo Carrillo

Zoológico de Chapultepec

Chapultepec Zoo

Chapultepec

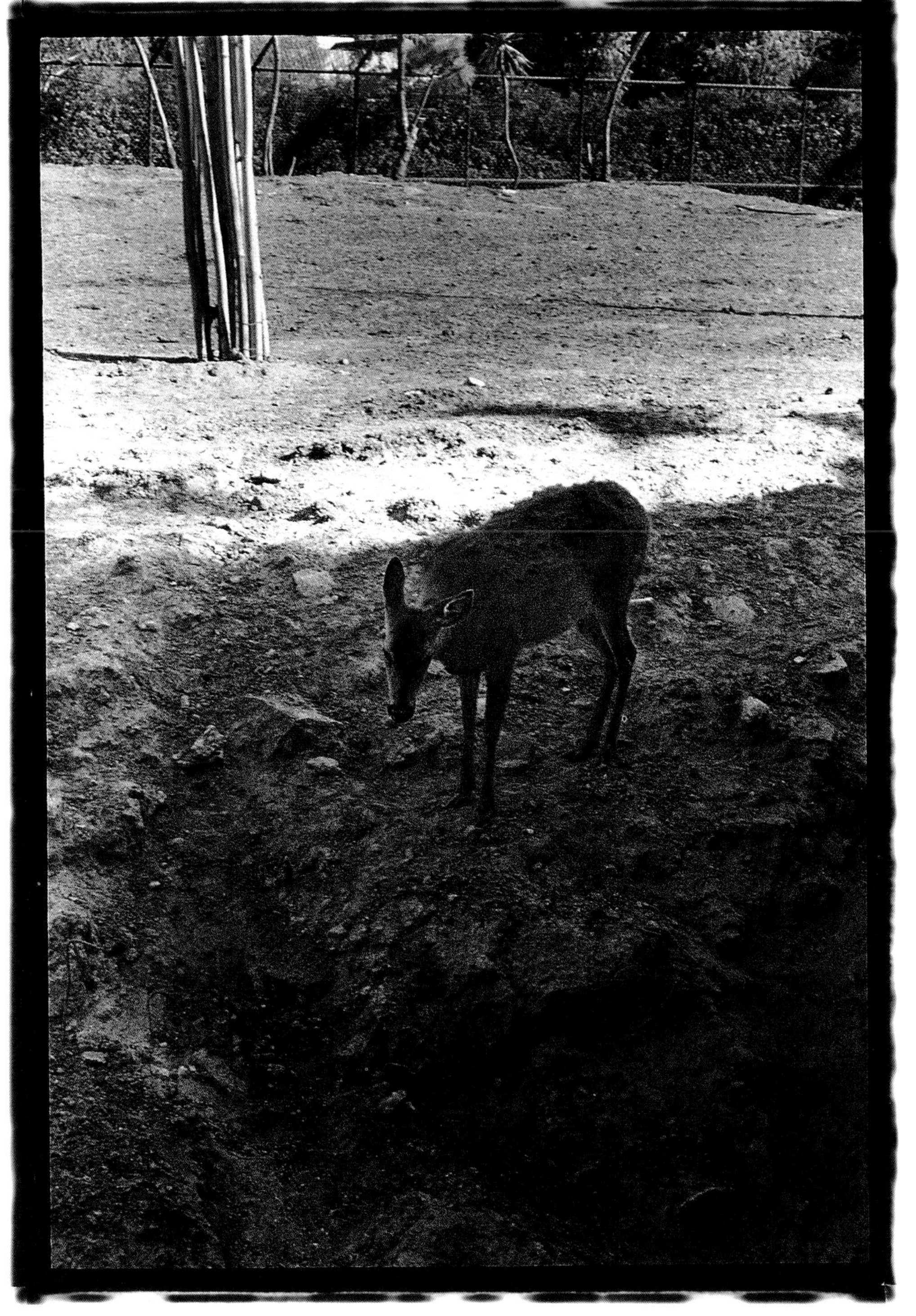

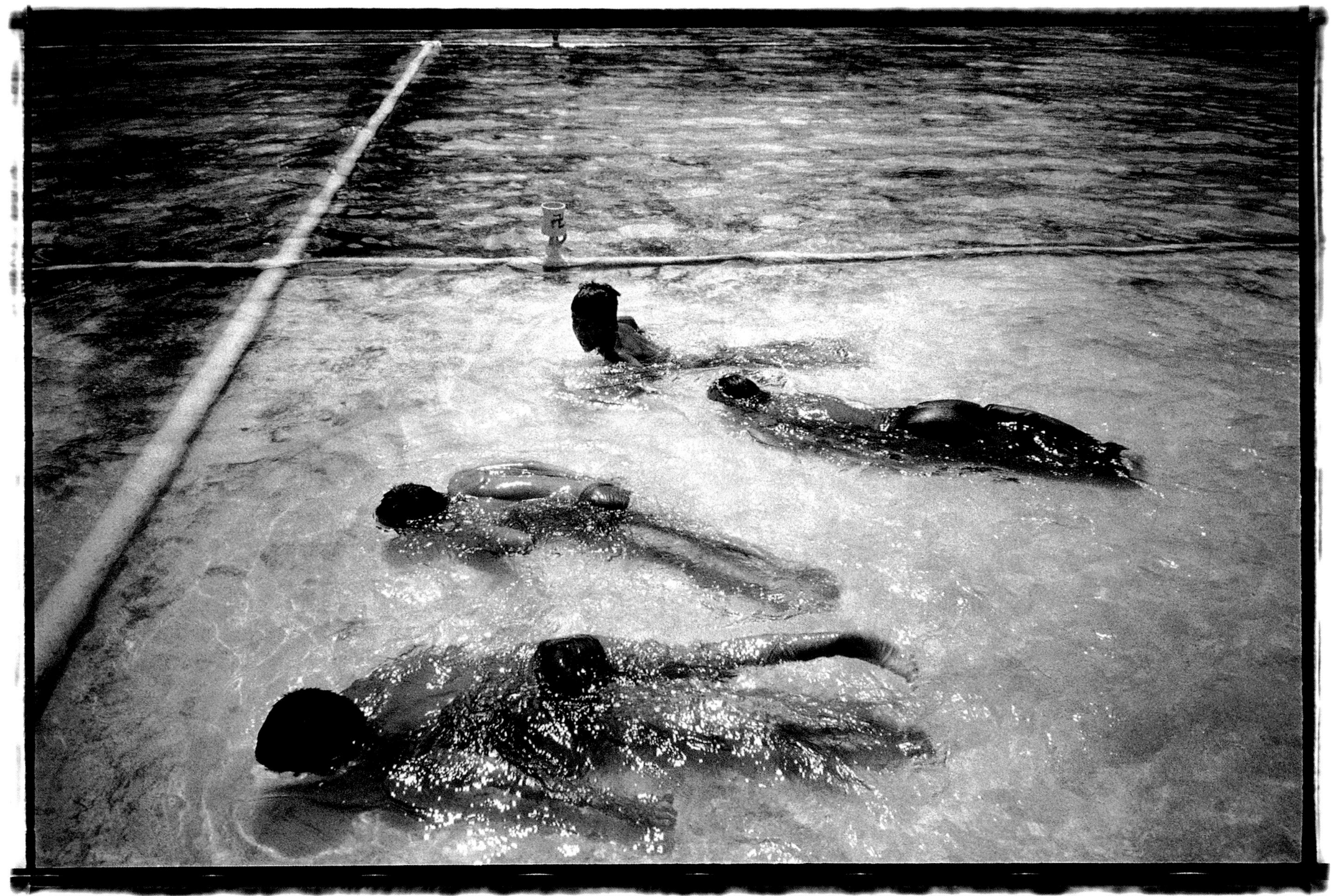

Alejandra España Natera

Fuente, monumento a Álvaro Obregón

Fountain, monument to Álvaro Obregón

Colonia San Ángel

Autorretratos **Autoportraits**

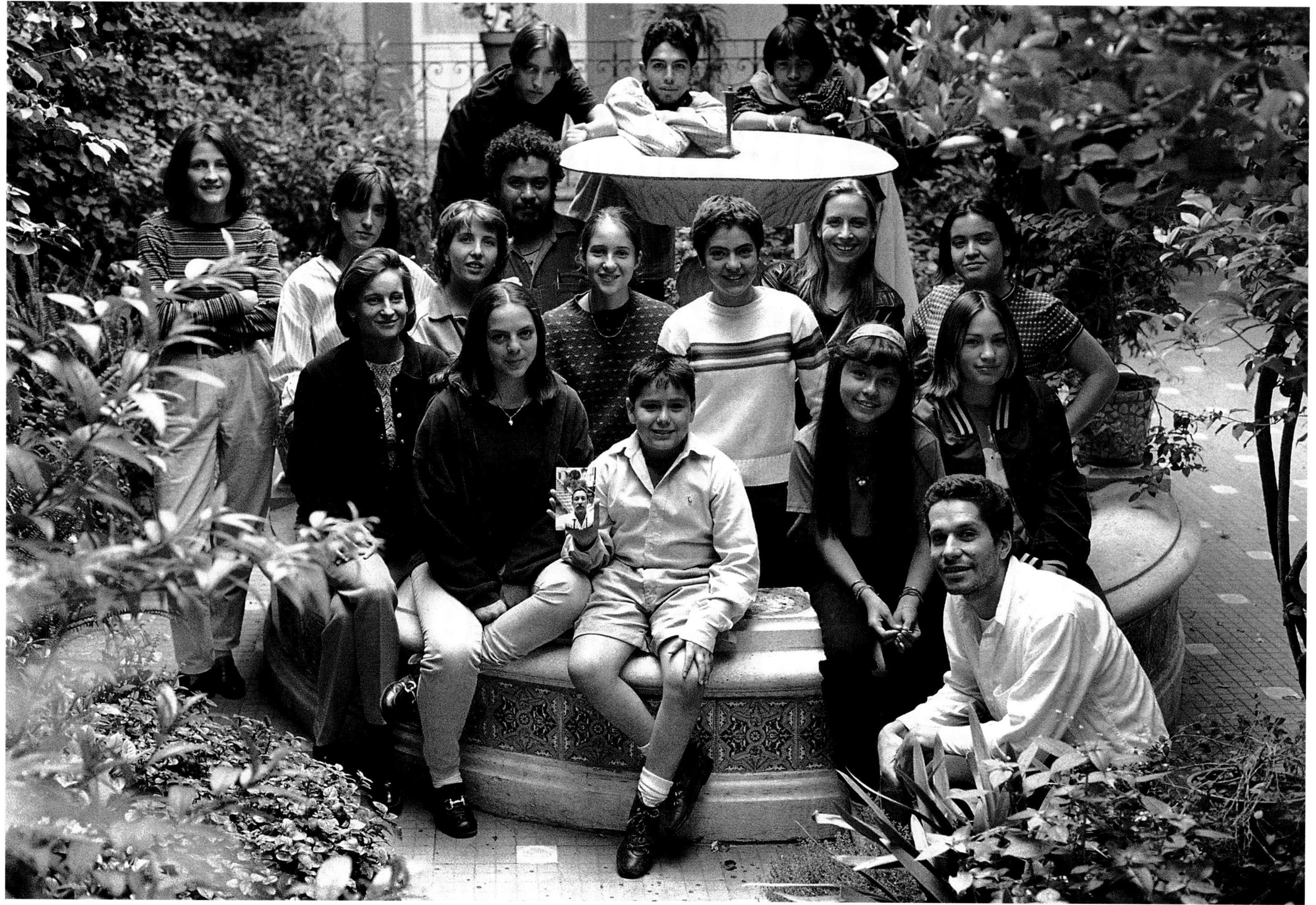

Lorenzo Hagerman

De izquierda a derecha, primera fila from left to right, first row Claudia Madrazo, Varinia, Rodrigo sosteniendo foto de holding a photograph of Helio Ojeda, Rocío, Renée, Lorenzo Hagerman

Segunda fila Second row Mónica Romero, Paula Graf, Paula Haro, Salvador Vargas, Casilda, Alejandra, Chloë Catán, Natassja

Tercera fila Third row Diego, Luis Ignacio, Apolonio

Patio de La Vaca Independiente **La Vaca Independiente courtyard**

Alejandra

Comienzo por el presente: tengo catorce años, voy en segundo de secundaria en el Colegio Madrid, me fascina ir a la escuela. Tengo muchísimos amigos y la verdad es que ellos son mi mundo. Entré al Madrid cuando iba en segundo de primaria, antes fui al Lancaster donde aprendí un muy buen inglés, y antes iba al García Lorca (mi guardería).

Vuelvo al presente antes de que se vuelva pasado. En el futuro quiero seguir en el Madrid hasta terminar la preparatoria. Aún no sé qué quiero estudiar pero algo que me gusta son las humanidades como el arte, el cine, la literatura, etc...

Me gusta muchísimo el cine y un director que me gusta mucho es Tim Burton y bueno, hay mil más. La fotografía era algo que no había experimentado nunca y ahora me gusta mucho, a veces veo las cosas como una foto. Quién sabe, quizá llegue a ser una gran fotógrafa. Mi mamá y yo vivimos en un departamento grande y muy bonito con mi queridísimo Sabo. Sabo es como mi hermano, lo saco, peleamos, lo apapacho... Sabo es un labrador *retriever* negro de tres años y medio y lo adoro. Mi papá murió cuando yo tenía nueve, de una enfermedad incurable muy extraña que se llama P.S.P.

Me gusta mucho oír música y me gusta, o más bien me encanta, *Illya Kuriaki and the Vederramas* que es una combinación de *funk* con *rap*. Fui al concierto con mis amigas y amigos y empezamos en el palco y ¡terminamos en tercera fila!

Hace una semana me raparon mis amigos y es comodísimo. Había dicho que algún día me raparía y nada más me lo propusieron y ¡sácales! Adiós pelo. Eso me ha ocasionado situaciones muy divertidas, porque me han confundido con niño.

Tengo que agregar que me fascinan los *Simpsons* y como súper *fan* tengo un autógrafo dedicado para mí de Bill Morrison, el dibujante, con un Homero original que venderé a miles de pesos si me hago pobre y de familia numerosa.

Bueno, adiós, es todo por ahora.

Starting from the present, I'm fourteen, I'm in eighth grade at the *Colegio Madrid,* and I love going to school. I have a lot of friends, and the truth is that they are my world. I started at the *Colegio Madrid* when I was in second grade. Before I used to go to the *Lancaster,* where I learned really good English. Before that I went to nursery at the *García Lorca* school.

I'll go back to the present, before it becomes the past. In the future I want to continue in the *Colegio Madrid* until I finish high school. I still don't know what I want to study, but I like humanities like art, cinema, literature, etc....

I really like going to the movies and Tim Burton is a director I like a lot and there are a thousand others. I had never tried out photography and I really like it now; sometimes I see things like a photo. Who knows, one day I might become a great photographer. My mother and I live in a nice, big apartment with my dear Sabo. Sabo is like my brother, I take him out, we fight, I cuddle him ... Sabo is a three-and-a-half year old black Labrador Retriever. My dad died when I was nine, of a strange incurable disease called P.S.P.

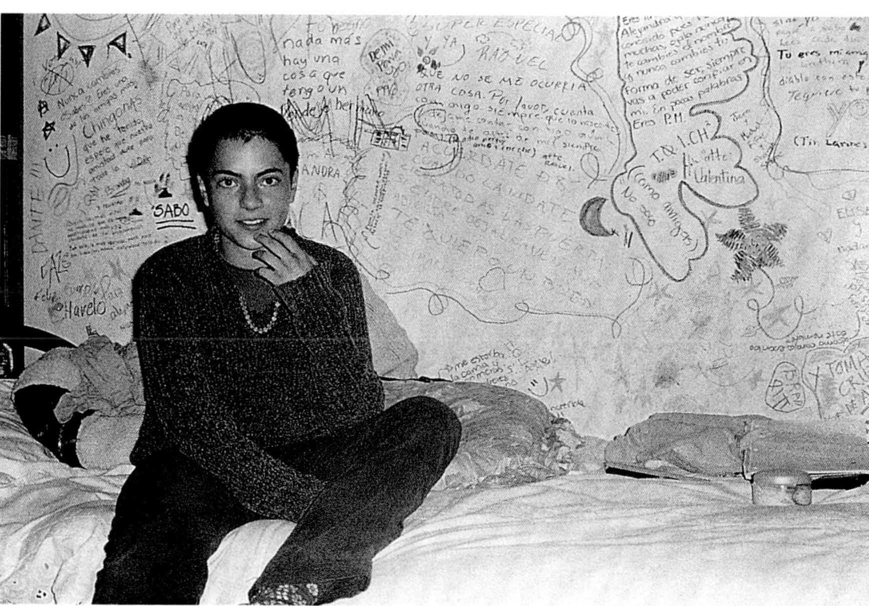

I like listening to music a lot or I would say I really like Illya Kuriaki and the Vederramas, which is a combination of funk and rap. I went to the concert with my friends and we started in the balcony and ended up in the third row!

A week ago my friends cropped my hair and it feels really comfortable. I had already said that one day I would crop my hair so as soon as they suggested it, wham! Bye-bye hair. This has been the cause of many funny situations, because I have been mistaken for a boy.

I have to add that I love "The Simpsons" and like a true fan, I have the cartoonist Bill Morrison's autograph dedicated to me with an original Homer, which I will sell for thousands of pesos if I become poor and my family expands in number.

Well, that's all for now, goodbye!

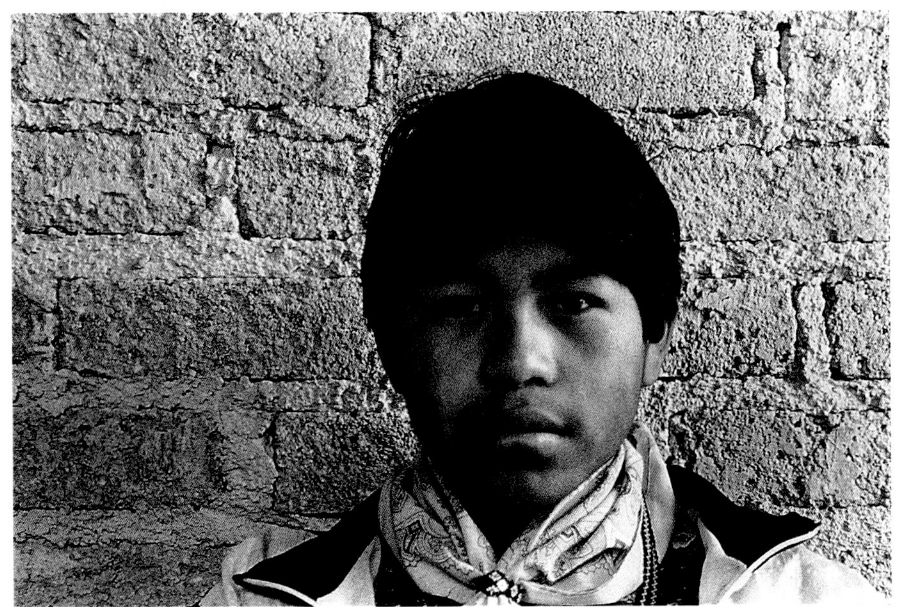

Apolonio

Soy Apolonio Carillo Carillo y tengo quince años. Nací en la ciudad de México en 1981. Cuando tenía siete meses, mi papá me llevó a Jalisco, ahí crecí. Mis papás se regresaron a México y me dejaron solo con mis hermanos y mis abuelos. Mis abuelos tenían muchas cabras y me dejaron a cuidarlas con mis hermanos. Empecé a cuidar cabras cuando tenía seis años hasta que cumplí nueve años. Una mañana fui a cuidar cabras con mi hermano y como a la una y media, caminando en el campo, me picó una víbora. No había nada en donde pisé. Sentí que un palo me había golpeado. Entonces me llevaron a la clínica y dos horas más tarde llegó un helicóptero y me llevó a Colotlán; estuve como seis o siete meses en el hospital de ahí. Cuando salí del hospital, entré a la escuela para aprender a leer y a escribir y estuve ahí cuatro años. Luego mi papá me llevó a la ciudad de México y ahí entré a la escuela para aprender a hablar español, saber sumar, restar y multiplicar. Aprendí a hacer máscaras, pulseras, anillos, collares y cuadros. Quiero ser maestro cuando sea grande.

I'm Apolonio Carrillo Carrillo and I'm fifteen years old. I was born in Mexico City in 1981. When I was seven months old, my dad took me to Jalisco, where I grew up. My parents returned to Mexico City and left me alone with my brothers and sisters and grandparents. My grandparents had a lot of goats and I was left to take care of them with my brothers and sisters. I started to look after the goats when I was six years old until I was nine. One morning I went to look after the goats with my brother and at about one thirty, while I was walking in the fields, a snake bit me. There was nothing around where I had stepped. It felt like a stick hit me. I was taken to a clinic and two hours later a helicopter came and took me to Colotlán where I stayed in the hospital for six or seven months. When I got out of the hospital I started school so I could learn to read and write and spent four years there. My dad then took me to Mexico City, where I went to school in order to learn to speak Spanish and to learn how to add, subtract, and multiply. I learned how to make masks, bracelets, rings, necklaces, and pictures. I want to be a teacher when I grow up.

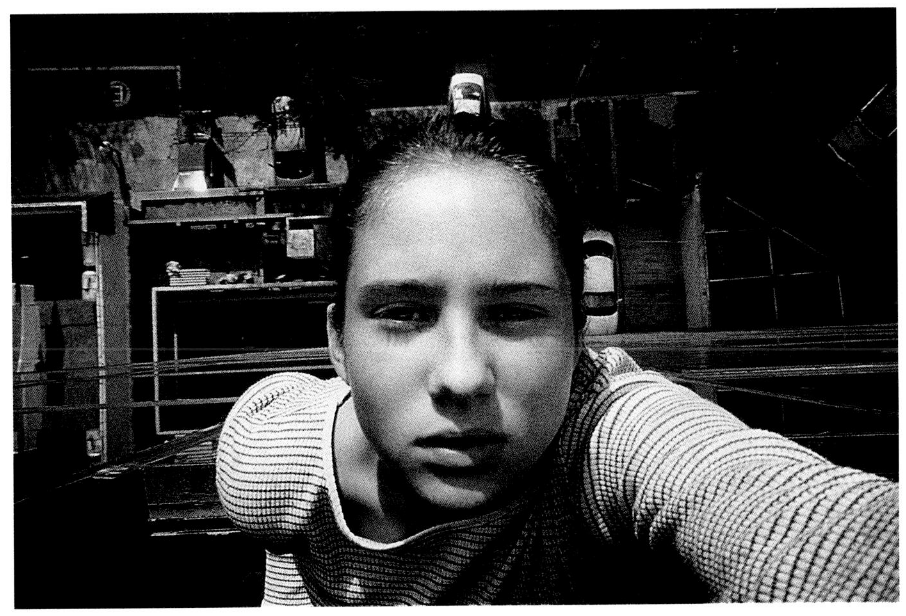

Casilda

Nací el 16 de julio de 1980 en México D.F., de sangre mexicana. Viví los primeros doce años de mi vida en Mixcoac, una colonia de gente sencilla. Me encantaba porque conocía a la gente, sus casas y sus hábitos. Estudié en el Liceo Franco Mexicano toda la primaria pero me cambié a una escuela mexicana en la secundaria (decisión de mis padres). Con el cambio de escuela también vino el cambio de casa, cambio de colonia y de ambiente. Mi antiguo rumbo es más pacífico, pero éste también me gusta aunque sea más ruidoso e impredecible. Aquí en Polanco hay varios hoteles con gente extranjera.

Ahora estoy cursando cuarto de preparatoria en la escuela Ciudad de México y queda a tres cuadras de mi casa. Dejé la otra escuela porque estaba muy lejos. Mi vida es el baile flamenco, ahorita es lo que hago —bailar.

I was born on June 16 1980 in Mexico City, of Mexican blood. For the first twelve years of my life I lived in Mixcoac, a simple neighborhood. I loved it because you got to know people, their houses, and their habits. I studied elementary school in the *Liceo Franco Mexicano* but I changed to a Mexican school for high school (my parents' decision). With the change of school came the change of house, neighborhood, and atmosphere as well. My old area is more peaceful although I like this one as well even though it's more noisy and unpredictable. Here in Polanco there are a lot of hotels with foreign people.

I am now attending eleventh grade in the *Ciudad de México* school and it is three blocks away from my house. I left the other school because it was very far away. Flamenco is my life, that's what I do now—dance.

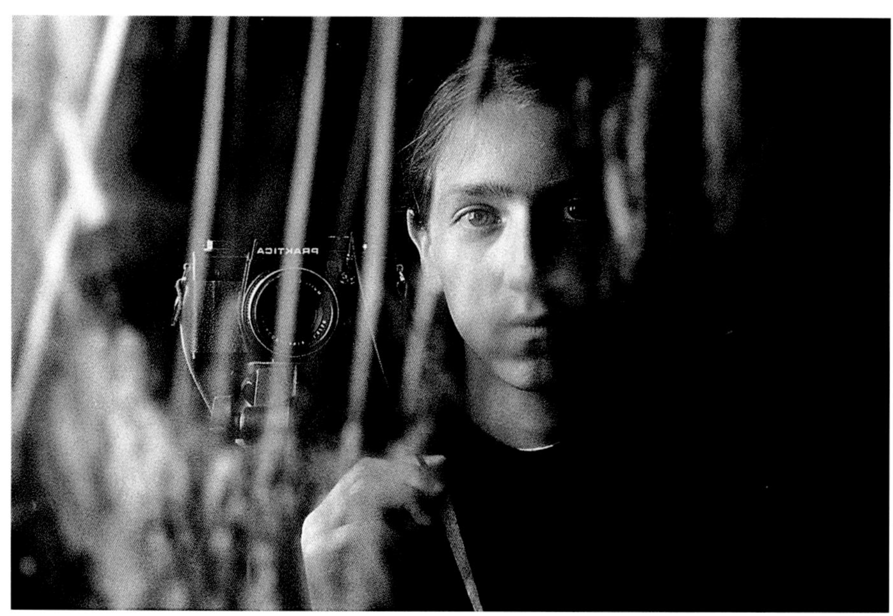

Diego

Nací en el Hospital Inglés el 16 de marzo de 1982. Vivo en Ciudad Satélite desde que nací. Voy a una pequeña escuela que se llama C.I.E. y está en Sotelo, toda mi vida he estado aquí y quiero seguir en C.C.H. Me encantó este proyecto pues a mí me encanta la fotografía y la practico desde pequeño porque mi papá es fotógrafo.

Este proyecto también me ha servido para redescubrir lugares a los que no iba hace mucho y para conocer lugares nuevos. Me parece una excelente idea que hagan este tipo de proyectos, pues el hombre en estos momentos está destruyendo demasiado para construir cosas nuevas, y para la gente pueden tener algún sentido las cosas viejas.

I was born in the *Hospital Inglés* on March 16 1982. I have lived in Ciudad Satélite since I was born. I go to a small school called C.I.E. and it's in the Sotelo district. I've gone there all my life and I want to continue in the same high school. I really liked this project because I love photography. I have practiced it since I was little because my dad is a photographer.

This project has also helped me to rediscover places I had not been to for a long time and to get to know new places. I think this type of project is a great idea, as these days mankind is destroying too much in order to construct new things, and for some people the old ones might have some meaning.

Luis Ignacio

Cuando me di cuenta, la sangre escurría sobre mis tobillos a cada paso que daba. Tenía la sensación de ir caminando sobre charcos de agua. No sentía dolor, pero sabía que unas balas habían penetrado mi abdomen. Tal vez esa noche me había encontrado con lo que inconscientemente había buscado durante tantos años: La Muerte. Un miedo aterrador se apoderó de mí, me sentí mareado y caí sobre la banqueta. En ese estado casi inconsciente, una pregunta me vino a la mente: ¿en verdad todo esto ha valido la pena? Comencé a recordar.

Mis primeros años de vida transcurrieron en una familia donde la religión jugaba un papel muy importante, se me presentaba un Dios castigador, al cual mi mal comportamiento le causaría enojo, por lo tanto yo era merecedor de un castigo. Esto hizo que me alejara enojado de ese Dios en el que yo no estaba seguro si creía o no.

No pasó mucho tiempo cuando un día un amigo me invitó a activar. Sentí una sensación de placer, me sentía el hombre más fuerte de la Tierra, invencible, la droga me engañaba, me disfrazaba y yo me sentía bien con ella. Desde ese día continué drogándome, y en muchas ocasiones acudí a robar para poder conseguir la droga. Pasé de una a otra y bajo sus efectos tenía una agresividad que ya estaba fuera de control. Me llevó a experiencias desagradables, donde hice mucho daño y donde me hice mucho daño. Yo sabía en mis ratos de sobriedad el mal que me causaba, pero ante todo, el daño que a mi madre le hacía. Ante esa culpa todo empezó a girar en círculo: culpa, destrucción, daño, culpa. Me doy cuenta de que en esos años tuve contacto con muchos sentimientos que no supe nombrar, que me atemorizaban. Salía a la calle con ellos, confundido, sin rumbo. Esto no hizo posible un equilibrio sino todo lo contrario. Sin embargo, los sueños y las ilusiones siempre fueron parte de esa huida y ahora sé que ellos han sido esa ligadura a una esperanza que, después de todo, no murió.

Nací en Ciudad Nezahualcóyotl, Estado de México, el 2 de noviembre de 1978.

I realized blood was dripping down my ankles with every step I took. I felt I was walking on puddles of water. It didn't hurt, but I knew that some bullets had gone through my stomach. Maybe that night, I had found what I had subconsciously been seeking for so many years: Death. I was gripped by a terrifying fear, I felt dizzy and fell onto the sidewalk. In that almost unconscious state a question came to my mind, "Has all this really been worth it?" I began to remember.

The first years of my life were spent in a family where religion played a very important role. I was faced with a punishing God who would be angered by my behavior, and I therefore deserved to be punished. This made me turn away, angry, from that God in whom I was not sure whether I believed or not.

It was not much time before a friend invited me to get high one day. It was a nice feeling, I felt I was the strongest man on earth, invincible. The drugs were deceptive, they disguised me and I felt really good under their effect. From that day onwards I continued to take drugs, and on many occasions I resorted to stealing so I could buy them. I went from one to the other and their effect made me uncontrollably aggressive.

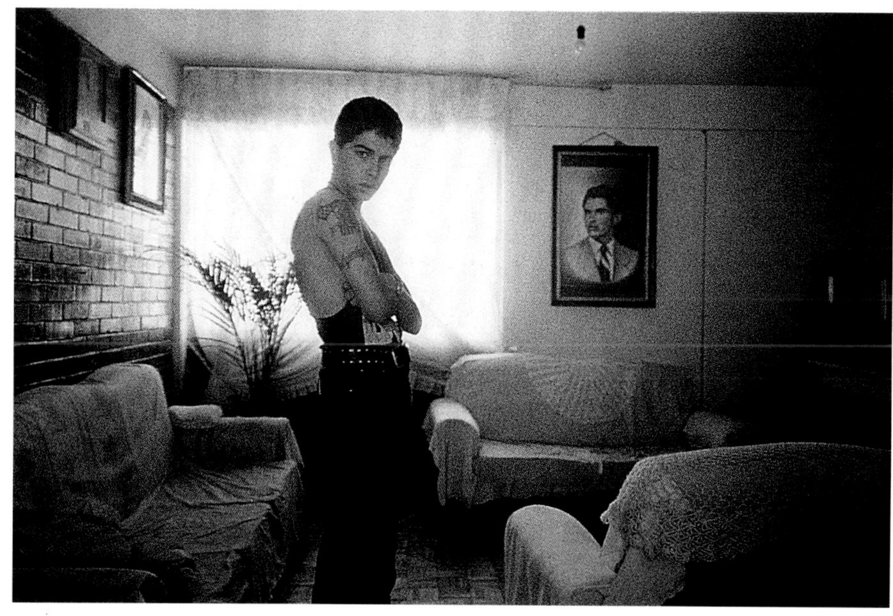

They were the cause of many disagreeable experiences, where I did myself and other people lots of harm. When I was sober I knew the harm it was doing me but most of all I knew how much damage it was doing to my mother. Faced with this guilt everything began to turn in circles: guilt, destruction, damage, guilt. I realize now that during those years I felt a lot of emotions that I could not put a name to, emotions that scared me. I would go out on the streets with them, confused, with no direction. This did not create a balance, but on the contrary.

Nevertheless, hopes and dreams always formed part of that escape and I now know that they have been the bond with a dream that didn't die after all.

I was born in Ciudad Nezahualcóyotl, Estado de México, on November 2 1978.

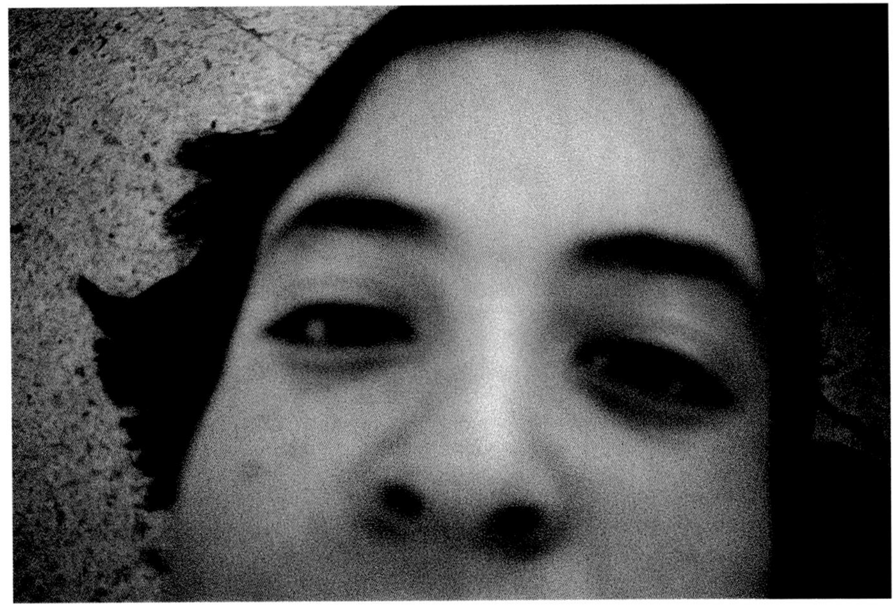

Natassja

El 20 de mayo 1983 nací yo, Natassja Ybarra Klor. Desde mi nacimiento se notó mi carácter fuerte y corajudo. En el año del temblor, 1985, exactamente seis días después, nació mi hermana menor, Eréndira. Poco tiempo después se divorciaron mis papás y me mudé con mi mamá y mi hermana a San José, California. Ahí pasé siete años de mi vida, feliz, triste, etc. Sin embargo, siempre diré que México es mi hogar. Y así, en ese extraño planeta, estudié la primaria entre miles de otros chavos de miles de lugares, algo que se puede comparar con la torre de Babel. En 1995, al terminar el ciclo escolar, arrasé con mi vida en E.U. Dejé a mi mamá que pronto estaría conmigo, a mi abuelita y a un cachote de mí que en ese momento ni conocía. Llegué a una nueva vida de regreso al D.F. Ahora estoy aquí, tengo trece años y vivo en la ciudad de México. No soy de aquí ni soy de allá, me gusta hacer ruido y escribir. Quiero estudiar filosofía en la Universidad Estatal de Nueva York. Desde que nací no he cambiado, sólo he crecido por dentro y por fuera. Sigo golpeando puertas y azotando los pies. Quiero mucho a mi familia y en eso incluyo a mis amigos. Me gustan el arte y la cultura. Admiro a todos menos al que se da por vencido y deja de luchar. No soy deportista ni súper modelo. Quiero tocar la guitarra, aunque soy un poco torpe, escribo canciones, poesía y prosa. Estudio el segundo año de secundaria, no soy muy buena para eso pero sí le doy. Ésta soy yo, Natassja Ybarra Klor.

On May 20 1983 I, Natassja Ybarra Klor, was born. From the day I was born you could tell I had a strong and spirited nature. The year of the earthquake, 1985, my little sister Erendira was born, exactly six days after it. A while later my parents got divorced and I moved to San Jose, California with my mother and sister. I spent seven years of my life there, happy, sad, etc., but I will always call Mexico my home. And so, I studied elementary school on that strange planet, among thousands of other kids from thousands of places, an experience which can be compared to the Tower of Babel. When I finished the 1995 school year I left my life in the U.S. altogether. I left my mother who would soon catch up with me, my grandmother, and a great chunk of myself that I didn't even know then. I returned to a new life in Mexico City. Now I'm here, I'm thirteen years old and I live in Mexico City. I am neither from the U.S. nor from Mexico, I like to make noise and write. I want to study philosophy at New York State University. I haven't changed since I was born, I have only grown inwardly and outwardly. I still bang doors and stomp my feet. I love my family very much and with them I include my friends. I like art and culture. The only people I don't admire are those who give up without a fight. I am not a sportswoman and I am not a super model. I want to play the guitar although I'm a bit clumsy, I write songs, poetry, and prose. I'm in ninth grade, I'm not very good at it but I'm O.K. That's me, Natassja Ybarra Klor.

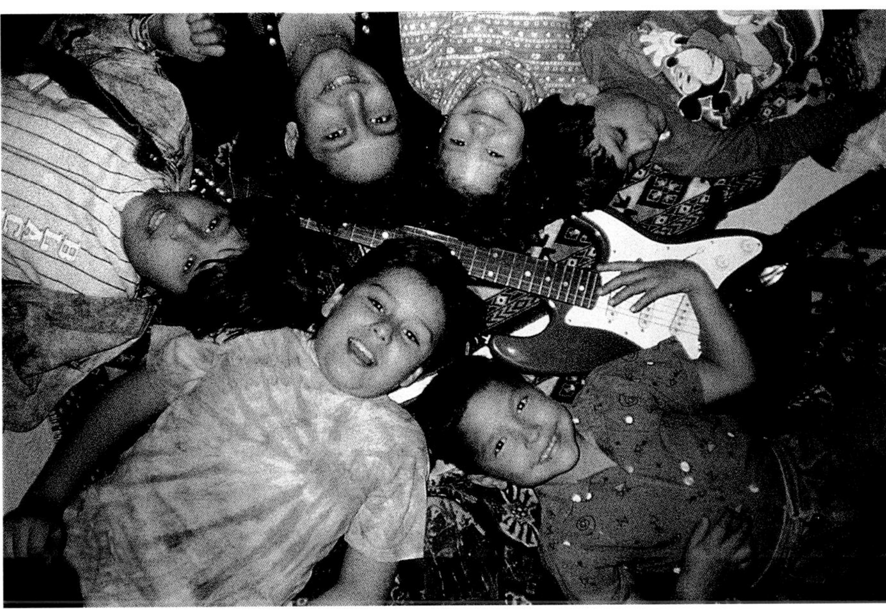

Rodrigo

Me llamo Rodrigo Vargas García.
Tengo diez años. Cuando empezó el proyecto tenía nueve. Los cumplo el 2 de enero.
Voy a la escuela, se llama Villa Educativa. Es de paga. Voy en 4to. A.
Vivo en el D. F.
Soy zurdo, soy de pie grande. Bueno, no mucho. Soy blanco, de ojos café oscuro y pelo negro.
Me gusta el teatro.
Dibujo bien. Produzco obras de teatro guiñol. Bailo. Soy fotógrafo.
Me gustan los colibríes, los perros, los delfines, las ballenas y las sirenas.
Soy fanático de Pinocho.
Somos cuatro en mi familia.
Mi papá se llama Roberto, mi hermano Diego y mi mamá Teresa.
Mis abuelos Javier y Martha, son los papás de mi mamá. Roberto y Mary, los papás de mi papá.
Los hermanos de mi mamá son seis y de papá cinco.
Mis tíos se llaman Manuel, Martha, Javier, Armando, Juan y Angélica, del lado de mi mamá; Raquel, Lety, Lupe, Carlos y Pancho, del lado de mi papá.
Tengo doce primos.
Mi papá es comerciante. Mi mamá es ama de casa.
Mi abuelo tiene una empresa, es jefe. Mi abuela también.
Mi vida es normal aunque hago muchas cosas. Voy a nadar, hago obras, soy fotógrafo, bailo, voy a la escuela, mi vida es cotidiana.
Juego mucho con mis primas y mis primos.

My name is Rodrigo Vargas García.
I am ten years old. I was nine when the project started. My birthday is on January 2.
I go to a school called *Villa Educativa.* It's a private school. I'm in fourth grade.
I live in Mexico City.
I am left handed, I have big feet. Well, not that big. I am white with dark brown eyes and black hair.
I like the theater.
I draw well. I produce puppet plays. I'm a photographer.
I like hummingbirds, dogs, dolphins, whales, and mermaids.
I am a fan of Pinocchio's.
We are four in my family.
My dad is called Roberto, my brother Diego and my mom Teresa.
My grandparents are Javier and Martha, my mom's parents. Roberto and Mary are my dad's parents.
My mom has six brothers and sisters and my dad has five.
My uncles and aunts are called Manuel, Martha, Javier, Armando, Juan, and Angélica on my mom's side. Raquel, Lety, Lupe, Carlos, and Pancho on my dad's side.
I have twelve cousins.
My dad is a merchant. My mom is a housewife.
My grandfather has a business, he's the boss. My grandmother is as well.
I lead a normal life although I do a lot of things.
I go swimming, I do plays, I'm a photographer, I dance, I go to school, I have an everyday kind of life.
I play a lot with my cousins.

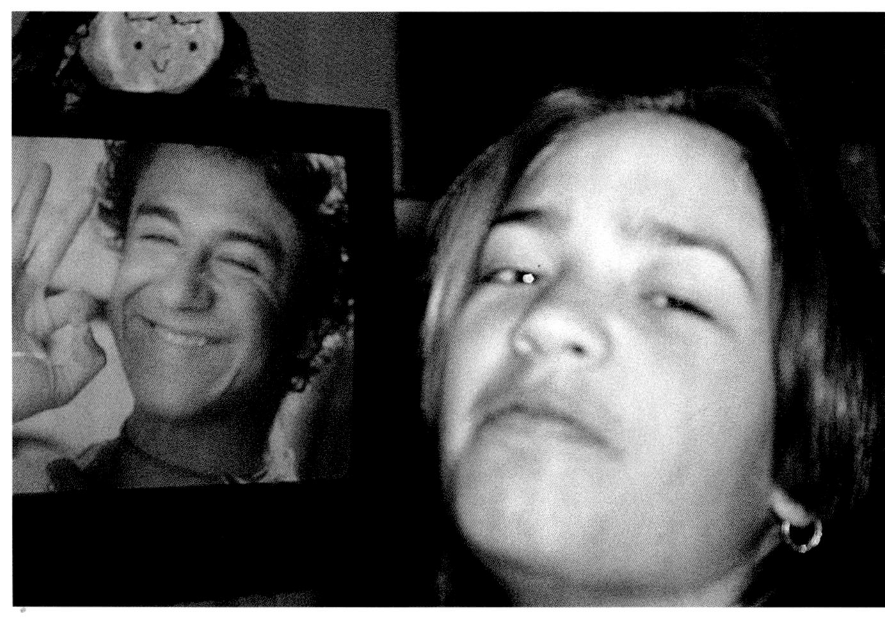

Renée

Nací una tarde del 8 de diciembre, un año después de que fuera asesinado el ídolo de mi mamá, John Lennon. Después de varios intentos nací yo. Tengo una súper familia, tíos, primos y una hermana, por desgracia mayor que yo.

Durante toda mi vida he vivido aquí, en la ciudad. Cuando era niña, jugaba a los vaqueros y a la Guerra de las Galaxias con mis primos, y cuando estaba sola amaba construir *Lego* y jugar con las muñecas rubias y llenas de curvas.

Ahora tengo trece años y todavía no le encuentro sentido a la vida más que estar escuchando *Rage* y ver a mis amigos en patineta. Sueño con ser *hacker* algún día e implantar virus en todas las computadoras que encuentre, o ser la cínica chica de *Tank Girl.*

Soy una mezcla extraña de todas las cosas que me ofrece la ciudad, que por cierto son muchas. Próximamente, mis amigos y yo haremos algo interesante para este país, bueno, eso anhelo. Espero tener contactos cercanos del tercer tipo, o si no que algún día Luke se fije en mí y me conquiste con sus habilidades de sable láser. Ésa soy yo en mi mundo algo extraño pero tan común.

Estoy en el proyecto porque la fotografía es una buena forma de expresarme, ya que puedo decir lo que siento tan sólo con una imagen. Puedo plasmar todas las cosas que pasan por mi masa gris. Mis lugares algún día serán puestos en exhibición.

I was born on the afternoon of December 8, a year after my mom's idol, John Lennon, was assassinated. I was born after several attempts. I have a great family, uncles and aunts, cousins and a sister, unfortunately older than me.

I have lived here in the city all my life. When I was a little girl I used to play cowboys and indians and Star Wars with my cousins, and when I was alone I loved building Lego and playing with blond, curvy dolls.

I am now thirteen years old, and I still haven't found a meaning to life other than listening to Rage and going to see my friends on a skateboard. I dream of being a hacker one day and implanting viruses in all the computers that I find, or of being the cynical girl in *Tank Girl.*

I am a weird combination of all the things that the city has to offer me, which, by the way, are many. Soon my friends and I will do something interesting for this country, well, that's what I hope. I hope to have close encounters of the third kind, or else for Luke to notice me one day and win me over with his light sable skills. That's me in my slightly weird, but rather ordinary world.

I am in the project because photography is a good way of expressing myself, as I can say what I feel with just one picture. I can give visible form to everything that goes through my gray matter. Someday my landmarks will be exhibited.

Rocío

Yo me llamo Rocío Guadalupe Juárez Argueta. Nací el día 29 de julio de 1986 aquí en México, Distrito Federal. Tengo diez años. Mi escuela se llama Aurelio Maldonado Cedillo y voy en 5to. año A. Soy morena, alta. Vivo en la colonia Chalma de Guadalupe, calle Guerrero, Manzana 79, Lote 1078 y soy fotógrafa. Tengo mi propia cámara. Los directores me dan los rollos y yo saco las fotos. Tengo un hermano de ocho años que se llama Adrián. Mi papá se llama Adrián, mi mamá se llama María Fausta. Mis abuelitos de parte de mi mamá se llaman Salud e Ismael. Mis abuelitos de parte de mi papá se llaman Carmen y Jesús. Mis padrinos se llaman Antonio Contreras Santilla e Ignacia Escorza. Mis primos de parte de mi mamá se llaman Marco Antonio, Alberto Ismael, Gloria Patricia y Maricela Itzel, Luis Fermín, Jorge Jesús, Javier, Carlos Miguel Ángel. Ésa es mi vida, mi familia, soy yo. Se me olvidó nombrar a una tía, Mercedes. Eso es todo.

My name is Rocío Juárez Argueta. I was born on June 29 1986, here in Mexico City. I am ten years old. My school is called *Aurelio Maldonaldo Cedillo* and I'm in fifth grade. I am tall and dark skinned. I live in the Chalma de Guadalupe district, Guerrero Street, Block 79, no. 1078 and I'm a photographer. I have my own camera. The directors give me rolls and I take the photos. I have a brother of eight who is called Adrián. My dad is called Adrián, my mom is called María Fausta. My grandparents on my mom's side are called Salud and Ismael. My grandparents on my dad's side are called Carmen and Jesús. My godparents are called Antonio Contreras Santilla and Ignacia Escorza. My cousins on my mom's side are called Marco Antonio, Alberto Ismael, Gloria Patricia and Maricela Itzel, Luis Fermín, Jorge Jesús, Javier, Carlos Miguel Ángel. That is my life, my family, that's me. I forgot to mention an aunt, Mercedes. That's all.

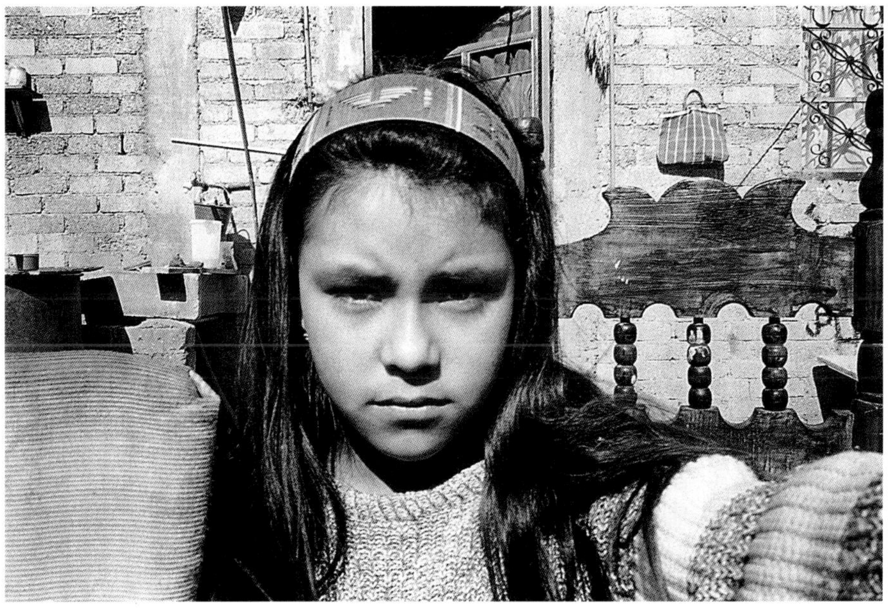

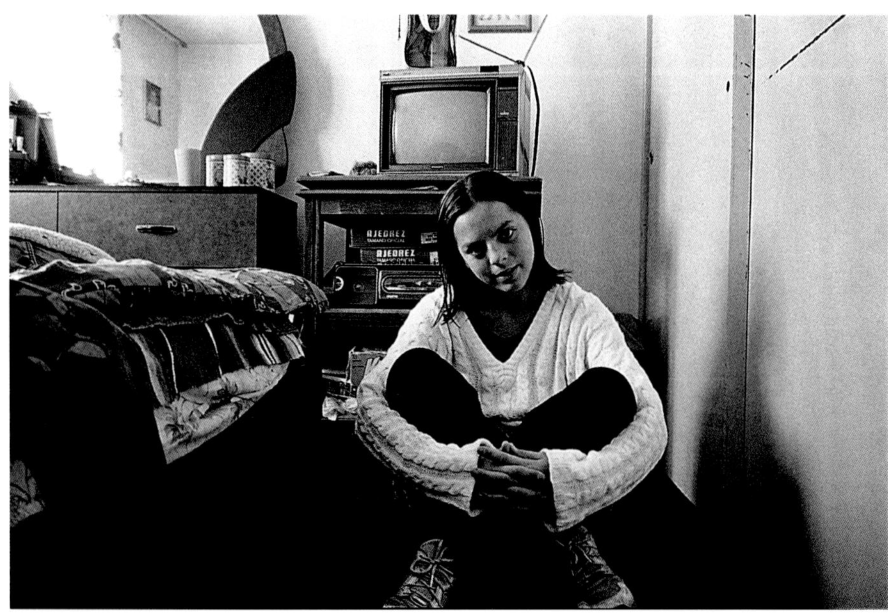

Varinia

Podría contar muchas cosas de mi vida. Podría decir que nací un glorioso 29 de junio de 1982 en Acapulco, Guerrero. Me vine a vivir al D.F. cuando mi papá falleció, hace trece años. Se llamaba Jorge Estrada y era maestro de biología. También puedo decirles que mi mamá se llama Eliana García, tiene treinta y nueve años y es maestra de español.

Voy a contarles que viví en Acapulco los primeros dos años y medio de mi vida. A los dos meses de edad, estando yo con mi mamá, un borracho que estaba en la calle dio tiros al aire y una bala perdida me dio en el cachete.

Poco antes de cumplir los tres años, me tuve que ir a vivir con mi abuelita a la ciudad de México; mi mamá llegó dos años después.

Durante años, mi hermana y yo habíamos suplicado por tener un perro, hasta que en diciembre de 1989 llegó Picorete, un *french poodle,* el más histérico, neurótico y gruñón, pero después de todo él es el hombre de la casa.

Llegué al Centro de Integración Educativa, C.I.E. (mi escuela) en kínder; voy en tercero de secundaria y nada más me dedico a estudiar.

Hasta ahora todo va bien en mi vida excepto algunas cosas, por ejemplo el fallecimiento de mi abuelo.

Lo único que podría decirles ahora es que tengo catorce años, que estoy terminando la secundaria, que me gusta mucho estudiar y me apasiona leer. A pesar de que las artes no se me dan muy bien que digamos, me encanta la fotografía. Estudié en mi escuela tres años de fotografía y aunque no soy la mejor fotógrafa del mundo, hago el intento.

Me enteré de este proyecto gracias a mi maestro de fotografía; yo le dije que me encantaría entrar. Creo que estar en el proyecto fue una experiencia muy linda principalmente porque aprendí a valorar las cosas que yo creía tan insignificantes en mi vida, lo más cotidiano, lo más común, realmente eran algo muy significativo para mí.

Ahora que el proyecto termina, me voy a dedicar a presumir que yo estuve en él.

La verdad es que yo no quisiera ser tan ordinaria, y sin embargo, hacer una biografía siempre resulta ser convencional.

I could tell you a lot of things about my life. I could tell you that I was born on a glorious day, July 29, 1982 in Acapulco, Guerrero. I came to live in Mexico City thirteen years ago, when my father died. His name was Jorge Estrada and he was a biology teacher. I can also tell you that my mother Eliana García is thirty-nine years old and she teaches Spanish.

I'm going to tell you that I lived in Acapulco the first two and a half years of my life. When I was two months old and with my mother, a drunk on the street fired shots into the sky and a stray bullet hit my cheek.

A little before my third birthday I had to go and live with my grandmother in Mexico City; my mother arrived two years later.

For years my sister and I begged for a dog, until finally in December, 1989 Picorete arrived, a French poodle, the most hysterical, neurotic, and grouchy dog; but after all he's the man of the house.

I started at the *Centro de Integración Educativa* C.I.E (my school) in kindergarten. I am now in ninth grade and the only thing I do is study.

Until now everything in my life has been alright, except for a few things—my grandfather's death for example.

The only thing I can tell you now is that I'm fourteen years old and I'm in high school; I like to study, and I love to read.

Although I am not very good at art, I love photography. I took three years of photography in school and even though I'm not the best photographer in the world, I do my best.

I found out about this project thanks to my photography teacher. I told him that I would love to be in it. I believe that being in the project was a beautiful experience, mostly because I learned to value some things I thought were insignificant in my life. In reality, the everyday, common things were very significant to me.

Now that the project is finishing, I will dedicate myself to boasting that I was in it.

The truth is that I wouldn't like to be that ordinary and nevertheless, writing a biography always ends up being conventional.

Agradecimientos Acknowledgments

Los participantes de *¡Cámara! Ciudad de México* quisieran agradecer a las siguientes personas su ayuda y apoyo:
The participants of *Picture Mexico City* wish to thank the following for their assistance and support:

Avantel
Manuel Sánchez Lugo
Verónica Gutiérrez
Jorge Rodríguez Soria
Mark Solley

Grupo Modelo
Valentín Diez Morodo
Ernesto Asnar Trillo

Rotoplas
Carlos Rojas Mota Velasco

Consejo Nacional para la Cultura y las Artes
Rafael Tovar

Instituto Nacional de Bellas Artes
Gerardo Estrada
Miriam Narváez

Museo Rufino Tamayo
Cristina Gálvez

La Vaca Independiente
Kira Zaidenweber
Leticia Puertas

DDF
Óscar Espinosa Villarreal
Eduardo Maza Urueta
Alberto Soto

También quisieramos agradecer a los padres de los fotógrafos, así como a:
We would also like to acknowledge the parents of the photographers, as well as:
Carlos Hagerman
Raúl Ortega
Jaime Pérez
Elena Poniatowska
Mariana Yampolski
LMI

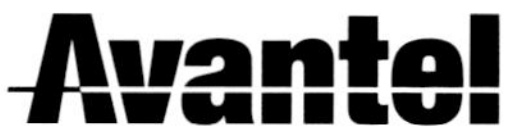

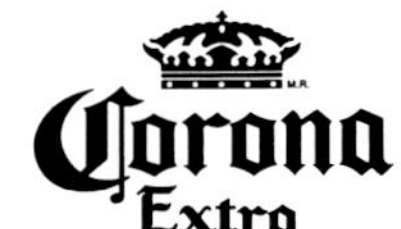

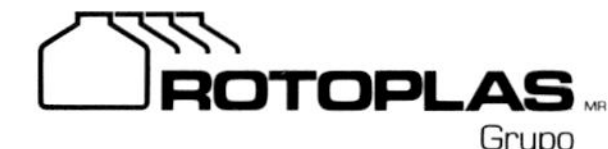

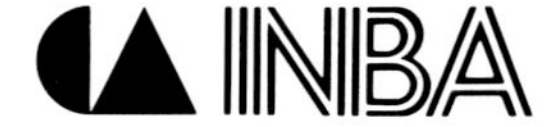

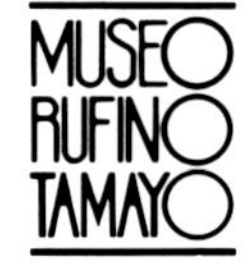

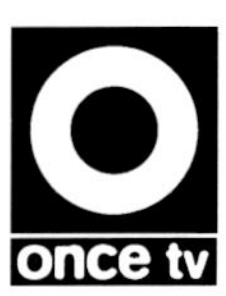